···당신의 보험금을 지켜주는···

손해사정사 사용법

[프롤로그] 내 보험금을 지키기 위한 최적의 책

보험회사는 보험금을 절대로 순순히 주지 않는다.

일반적으로 보험에 가입할 때부터 보험사고가 일어날 때까지 사고가 발생하면 당연히 보험금을 쉽게 받을 수 있을 것이라고 생각한다. 그런데, 약관과 보험 관련 법령, 판례는 보험회사가 보험금을 주지 않아도 되는 사유를 두고 다양한 해석을 하고 있다. 그럼에도 보험에 가입할 때부터 보험 가입 시 사고가 발생했을 때 보험금을 받을 수 있을지 미리 예상하고 가입조건과 약관을 면밀하게 봐 둔 다음, 내 상황을 보험사에 철저하게 고지하는 경우가 생각보다 적다. 그리고 보험사고가 났을 때 보험사가 보험금을 제대로 주지 않을 경우 막연히 포기하는 사례도 적지 않게 봤다.

대부분 보험회사에서 사고가 났을 때 보험금을 지급하지 않는 이유는 고지의무 위반이다. 평소에 먹는 약도 없고 매년 건강검진을 해도 멀쩡했다. 그러나 아뿔싸, 병원에 매년 한 번씩 갔던 기록을 떼어 보니 속쓰림이나 위장질환 정도의 진단을 받았고, 술 때문에 5년 이상 위장약을 받아서 먹은 사실을 보험회사에 이야기하지 않았던 것이다. 이러한 사소한 것 때문에 보험사에서는 고지의무 위반으로 보험계약 해지 및 보험금을 지급하지 않는 경우가 많다.

일반적으로 평소 병원에 무심코 가는 등 별다른 생각 없이 생활하다가 암에 걸리거나 보험사고가 발생하면, 보험사에 보험금을 청구하게 된다. 그리고 보험금 지급 거절을 당하게 될 시 그동안의 병원 진료기록을 탓하곤 한다. 이럴 때 알아 두면 좋은 것이 바로 손해사정사다.

보험사에서 보험계약을 해지하고 보험금을 주지 않으면 우선 손해사정사를 찾는 것이 필요하다. 수십 년간 불입한 보험료를 그냥 날리는 것은 너무나도 아까운 일이다. 보험해지를 할 바에는 손해사정사를 통해서 보험금 청구를 제대로 해 보고 한 푼이라도 받을 수 있으면 받아야 한다. 손해사정사는 착수금이 거의 없고 대부분 보험금의 일정비율로 성공보수를 받고 일한다. 따라서 손해사정사와 계약을 하고 한번 보험금 청구를 제대로 진행해 보는 것이 현실적으로 이익이다. 보통 보험금을 지급받기까지 몇 달이 소요될 수도 있다. 그래도 안 받는 것 보다는 낫다.

이 책은 손해사정사들이 어떻게 일하고 어떤 과정을 통해서 보험금이 지급되는지, 그리고 보험마다 어떤 특성이 있는지에 대해 구체적으로 담고 있다. 손해사정사들이 일하는 생생한 이야기, 그리고 실제 의뢰인들의 후기나 좋은 손해사정사를 찾는 방법 등 보험에 가입하면서 보험사고가 났을 때까지 미리 알아 두면 좋은 정보를 담고자 노력했다.

보험금을 받는 것도 나의 권리다. 내 권리는 내가 지켜야 하고 그 권리를 지켜 주는 직업이 손해사정사다. 손해와 보상액을 청구하고 그 권리자 편에서 부당한 논리에 대응하며 의뢰인의 소중한 보험금을 지켜 주는 전문가인 셈이다.

예기치 못한 사고나 질병으로 신체에 피해가 발생하거나 재물에 손해가 발생했을 경우 보험에 가입되어 있다면 보험의 혜택을 누리는 것은 어찌 보면 당연하다. 상해나 경미한 사고의 경우에는 보험사에서도 쉽게 보험금을 지급하지만 지급해야 할 금액의 규모가 큰 사고가 나면 보험금 지급에 관련하여 보험사와 보험가입자 간에는 다툼이 발생할 수밖에 없다. 이때 억울하지 않을 정도로 보상을 받기 위한 손해사정사의 도움은 필수다.

특히 후유장해보상, 사망보험금과 같이 규모가 큰 사고의 경우 손해사정사의 능력 발휘가 더욱 더 중요해진다. 보험회사도 이윤을 추구하는 기업이고 자신들의 이익을 극대화하기 위해서 보험금을 지급하지 않는 데 중점을 두고 있다. 보험사에 소속된 손해사정사와 달리 독립손해사정사가 존재하는 이유도 여기에 있다. 보험사의 이익이 아닌 의뢰인의 이익을 대변하는 사람들이기 때문이다.

이 책은 보험에 가입한 대한민국의 대다수 국민들이 보험금을 지급받고 자신의 권리를 지키기 위해 찾아야 할 손해사정사가 누구인지, 그리고 그들의 조력을 더 잘 받기 위해서는 어떻게 해야 하는지 주요 핵심만 담고자 노력했다.

많은 분들이 이 책을 통해서 보험금을 제대로 받았으면 하는 바람이다.

Contents 목차

제3장 손해사정사, 그들은 누구인가?

제4장 '손해사정어'를 쓰는 자, 보험금 전쟁의 승률을 높인다

제5장 손해사정사를 잘 사용하면 10년을 앞서간다

제1장

왜 손해사정사 사용법을 알아야 하는가?

• 아, 손해사정사를 몰랐다

손해사정사는 뭐하는 사람인가? 많은 사람들이 잘 모른다. 그렇다면 이 질문에 대한 답부터 얘기하겠다.

상해사고나 질병사고, 일상생활 중 사고가 발생했을 때, 피보험자 또는 피해자의 손해액을 산정한 후 보험사에 손해사정서를 제출하여 보험금 청구권자가 보험사로부터 보험금을 지급받을 수 있도록 중요한 역할을 하는 사람이다. 평생 살면서 손해사정사를 모르고 사는 사람도 많다. 사고라는 것은 예정되어 있지 않고 우연히 발생하는 것이기 때문이다.

그래서 갑작스러운 사고를 당하면 모두 당황한다. 병원에서 입원 치료를 받으면서 또는 통원 치료를 받으면서 손해사정사를 알게 된다. 사고 초기 즉 수술받고 치료받느라 정신이 없는 시기가 지나면 환자 본인이나 가족들도 여유가 생기기 때문에 인터넷을 통해서도 손해사정사를 알게 되고 같은 병실에 입원해 있는 환자를 통해서도 알게 된다.

교통사고의 경우, 사고 초기 보험사에서 합의와 관련해서 연락이 온다. 이때 보험사로부터 얼마를 받아야 제대로 받는지 모르기 때문에 환자들은 답답하다. 누군가 속 시원하게 말해 주면 좋겠지만 실제로 정확하게 말해 줄 수 있는 사람은 없다. 같은 부상을 당하더라도 사람마다 후유증 및 치유 속도, 그리고 아픈 정도가 다 상이하기 때문이다.

한 고객으로부터 상담 전화가 왔다. 상담하던 중 다음의 질문을 받았다.

고객 : 산재사고로 다발성 늑골골절의 부상을 입었는데 언제쯤 다시 일할 수 있을까요?
손해사정사 : 사람마다 다 다르기 때문에 언제 다시 일할 수 있을 지 현재는 알 수 없습니다. 제 말을 못 믿으시겠으면 주치의 선생님께 한번 여쭤보세요.
주치의 : 그걸 내가 어떻게 알아요? 사람마다 다 다른데….

손해사정사를 아는 사람과 모르는 사람은 하늘과 땅 차이

손해사정사를 아는 사람은 어떠한 사고라도 발생하면 바로 손해사정사에게 연락해서 어떻게 사고처리를 해야 하는지 처음부터 도움을 받아서 진행할 수 있다.

손해사정사를 아는 사람은 사고를 당했을 때부터 손해사정사를 찾는다. 한 번이라도 사고를 당하고 손해사정사를 통해서 보험금을 청구해 지급받았다면 손해사정사가 무슨 일을 하는 사람인지 잘 알게 되기 때문이다. 이렇듯 의뢰인은 손해사정사에게 모든 것을 맡기고 사고로 인한 후유증 치료에 전념할 수 있다. 또한 보험금 청구 전 궁금한 사항 등을 질문하면 가능한 한 많은 도움을 제공받는다. 물론 손해사정사가 만능은 아니다. 모든 것을 손해사정사가 다 할 수는 없다. 의뢰인도 의뢰인이 해야 할 몫이 있다. 손해사정사는 고객의 편에서 보험사를 상대로 고객 대신 싸우기 때문이다.

사례 1.

산재사고를 당한 재해자의 근재보험금을 수임해서 진행하고 있었다. 어느 날 해당 재해자로부터 연락이 왔다. 자녀가 지적 장애를 앓고 있는데 주변에서 질병고도후유장해보험금을 받을 수 있다고 하기에 검토해 달라고 한다.

우선 자녀 이름으로 가입한 보험증권과 상애 정도 결정서를 보내 달라고 했다. 보험증권과 해당 약관을 검토한 결과 언어장애진단금에도 해당되고, 질병고도후유장해보험금에도 해당이 되었다.

고객에게 언어장애진단금은 받으셨냐고 물었다.

고객은 뭔지도 모르기 때문에 보험사에 청구한 적이 없다고 한다. 그래서 언어장애진단금이라는 가입 담보가 있는지도 몰랐고, 어떻게 받을 수 있는지 알지도 못하는 상태였던 고객이 언어장애진단금을 받을 수 있도록 해드렸다. 질병고도후유장해보험금은 현재 대법원에서 상고 중이라 그 결과에 따라 향후 진행하기로 했다.

그리고 몇 개월 후 다시 연락이 왔다. 재해자 본인이 교통사고를 당했다는 것이다. 후미 3중 추돌사고로 병원에 입원했는데 교통사고 건도 맡기고 싶다고 한다. 이쯤 되면 해당 고객의 '전용 손해사정사'다. 이처럼 손해사정사를 평소 가까이 해 두면 생각하지도 못한 보험금을 받을 수도 있고, 믿고 맡길 수 있는 전문인과 언제든 상담할 수 있다.

그렇다면 손해사정사를 모르는 사람은 사고를 당하게 되면 어떻게 할까? 손해사정사를 모르는 사람은 주변 친인척, 친구, 지인, 담당 설계사와 같이 여기저기에 묻거나, 각종 인터넷 사이트를 검색하거나, 잘못된 정보를 가지고 시간과 에너지를 낭비한다.

사례 2.

산업현장에서 산업재해가 발생하면 건설회사는 우선 공상처리(사업주로부터 일정한 보상금 내지 합의금을 받고 종결하는 것)를 하려고 한다. 이는 산재사고를 은폐하기 위한 것이 아니다. 산재처리를 하면 건설회사가 공공입찰에서 불이익을 받을 수 있기 때문에 산재보험료를 국가에 납부하였음에도 불구하고 회삿돈으로 공상합의를 하려고 하는 것이다.

그 이유는 공공입찰 참가 제한이 따를 뿐만 아니라, 원청사로부터도 일정 기간 동안 입찰 참가 제한이 따르기 때문이다. 그러면 산재보험금을 받는 것보다 공상합의금을 받는 것이 더 유리한가? 산재사고로 부상을 입은 후 회사와 공상합의를 한 번 해 본 재해자들은 정답을 안다. 절대 공상합의가 유리하지 않다는 것을 말이다. 산재처리하지 않은 것을 후회할 수밖에 없다. 산재보험에서 장해급여를 수령하면 근재보험에서 산재보상 초과손해를 보상받을 수 있기 때문이다.

공상처리를 하는 것은 보험사의 배만 불려 주는 꼴이다. 사업주는 보험사에 보험료를 납입하고도 공상처리를 통해서 합의금을 지급하니까 이중 손해이고, 재해자는 산재보상 후 산재보상 초과손해를 근재보험을 통해서 받을 수 있음에도 전문가의 정확한 손해액 산정 없이 대략적인 금액으로 합의를 하니 결코 제대로 된 보상을 받았다고 말할 수 없다. 물론 공상처리하는 경우 사업주는 근재보험에서 받을 수 있는 금액까지 참작해서 지급한다고 하지만 정확한 손해액 산정은 아니다. 즉 재해자들이 손해를 볼 수 있다.

또한 비전문가에게 의뢰한 후 후회한다. 그리고 또 다른 사고가 발생했을 때 자격증이 있는 손해사정사를 만나면 예전 사고를 처리했던 사람이 손해사정사가 아니었다는 것을 뒤늦게 알게 된다. 상담이나 업무 처리 방식이 확연히 다르기 때문이다.

또한 혼자서 보험사를 상대하다 보면 보험사에 휘둘리게 되기 마련이다. 즉 보험사가 하는 말이 다 맞는 말인 줄 안다.

여기서 반드시 기억할 것이 있다. 보험사는 고객 편이 아니다. 고객의 편은 독립손해사정사다. 독립손해사정사는 보험사가 아닌 고객으로부터 보수를 받는다. 그렇다면 누구를 위해서 일하겠는가? 당연히 고객을 위해서 일한다.

• 보험금 전쟁, 보험금 넌 얼마니?

보험금 청구권자는 보험사의 고객이다.

그러나 보험금 청구 후 빈정이 상할 수 있다. 보험금을 지급하지 않겠다는 것이다. 또는 보험금을 삭감하겠다는 것이다. 혹은 보험금을 지급하고 보험계약을 해지하겠다고 한다. 이게 무슨 말인가? 보험을 가입시키고 보험료를 받아갈 때는 온갖 감언이설에 모든 것을 보상해 줄 듯이 얘기하더니 막상 보험금을 청구하면 현장조사를 나오겠다, 영수증을 보내 달라, 환부(다친 부위)를 사진 찍어서 보내 달라, 의무기록을 내라, 보험금을 지급하지 않겠다, 보험금을 감액하겠다, 의료자문 동의가 필요하다, 동시감정을 가겠다, 등등 평소 들어보지도 못한 얘기를 갑자기 통보할 때가 있다.

내가 만나 본 대부분 고객의 반응은 대동소이하다.

보험 가입을 오래전에 해서 보험료를 계속 납입해 왔는데 막상 보험금을 청구해 보니 보험사에서 심하게 말하면 보험사기범인 양 대했다는 것이다. 예를 들어, 치료 목적으로 병원에서 치료를 받고 보험금을 청구했더니 미용을 목적으로 병원을 이용한 것처럼 대하는 게 고객의 기분을 상하게 한 거다.

우리가 보험사로부터 받는 보험금의 종류를 크게 세 가지로 분류하면 다음과 같다. 개인보험, 배상책임보험, 자동차보험이다.

개인보험의 경우

개인보험에서 가장 크게 차지하는 보험금은 각종 진단금과 상해 후유장해 보험금이다. 이 경우 보험사에서 너무나 무엇이 정확해서 지급하지 않을 수 없는 보험금은 그대로 지급한다. 하지만 상세불명이라는 단어가 들어가거나, 의무기록에 애매한 문구가 들어가 있거나, 보험에 가입한 지 얼마 안 돼서 발생한 사고라면 심사가 진행된다. 그 결과는 보험금 감액이나 면책, 즉 부지급=지급하지 않겠다는 것이다.

배상책임보험의 경우

배상책임보험을 통해서 보험금을 받으려면 우선 후유장해율, 즉 노동능력상실률을 알아야 하고 이에 맞는 후유장해진단서를 발급받아야 한다. 아무리 의사에게서 정확한 후유장해진단을 받아도 소용없다. 보험사는 자체 의료자문을 보내서 노동능력상실률을 낮게 책정한다. 영구장해는 한시장해로 쉽게 바꿔 버린다. 한시장해 기간이 5년이면 2년 또는 3년으로 다시 깎는다. 또한 후유장해가 남지 않더라도 적정한 위자료는 받을 수 있다. 게다가 과실률도 중요하다. 사고조사를 철저히 해야 피해자의 과실률을 줄일 수 있다.

자동차보험약관상 위자료

(2020.10.16. 개정 / 단위 : 만원)

<table>
<tr><th colspan="4">사망 위자료</th><th colspan="3">후유장애 위자료</th></tr>
<tr><td colspan="4">가. 사망자 본인 및 유족의 위자료
(1) 사망 당시 피해자의 나이가 65세 미만인 경우: 80,000,000원
(2) 사망 당시 피해자의 나이가 65세 이상인 경우: 50,000,000원
4. 청구권자의 범위 및 청구권자별 지급기준:
민법상 상속 규정에 따름.</td><td rowspan="3">노동능력상실률 50%이상인 경우</td><td colspan="2" rowspan="3">1) 후유장애 판정 당시 65세미만
4,500만원 X 노동능력상실률 X 85%
2) 후유장애 판정 당시 65세이상
4,000만원 X 노동능력상실률 X 85%
3) 가정간호비 지급 대상인 경우
① 후유장애 판정 당시 65세미만
8,000만원 X 노동능력상실률 X 85%
② 후유장애 판정 당시 65세이상</td></tr>
<tr><th colspan="4">부상 위자료</th></tr>
<tr><th>급별</th><th>인정액</th><th>급별</th><th>인정액</th></tr>
<tr><td>1급</td><td>200</td><td>8급</td><td>30</td><td rowspan="8">노동능력상실률 50%미만인 경우</td><td>45% 이상 50% 미만</td><td>400</td></tr>
<tr><td>2급</td><td>176</td><td>9급</td><td>25</td><td>35% 이상 45% 미만</td><td>240</td></tr>
<tr><td>3급</td><td>152</td><td>10급</td><td>20</td><td>27% 이상 35% 미만</td><td>200</td></tr>
<tr><td>4급</td><td>128</td><td>11급</td><td>20</td><td>20% 이상 27%미만</td><td>160</td></tr>
<tr><td>5급</td><td>75</td><td>12급</td><td>15</td><td>14% 이상 20% 미만</td><td>120</td></tr>
<tr><td>6급</td><td>50</td><td>13급</td><td>15</td><td>9% 이상 14% 미만</td><td>100</td></tr>
<tr><td>7급</td><td>40</td><td>14급</td><td>15</td><td>5% 이상 9% 미만</td><td>80</td></tr>
<tr><td colspan="4">과실상계 후 후유장애 상실수익액과 가정간호비가 후유장애 보험금 보상한도를 초과하는 경우에는 부상보험금 한도 내에서</td><td>0 초과 5% 미만</td><td>50</td></tr>
</table>

•후유장애 상실수익액을 지급하는 경우에는 후유장애 위자료를 지급함. 다만, 부상 위자료 해당액이 더 많은 경우에는 그 금액을 후유장애 위자료로 지급함.

대인배상Ⅰ 상해 및 후유장애 급별 보험가입금액표

상　해(괄호안은 2016.3.31. 이전 사고에 적용)				후 유 장 애(괄호안은 2016.3.31. 이전 사고에 적용)			
상해등급	보험가입금액	상해등급	보험가입금액	장해등급	보험가입금액	장해등급	보험가입금액
1급	3,000(2,000)	8급	300(240)	1급	15,000(10,000)	8급	4,500(3,000)
2급	1,500(1,000)	9급	240(240)	2급	13,500(9,000)	9급	3,800(2,250)
3급	1,200(1,000)	10급	200(160)	3급	12,000(8,000)	10급	2,700(1,880)
4급	1,000(900)	11급	160(160)	4급	10,500(7,000)	11급	2,300(1,500)
5급	900(900)	12급	120(80)	5급	9,000(6,000)	12급	1,900(1,250)
6급	700(500)	13급	80(80)	6급	7,500(5,000)	13급	1,500(1,000)
7급	500(500)	14급	50(80)	7급	6,000(4,000)	14급	1,000(630)

자기신체사고 상해 및 후유장애 급별 보험가입금액표

상　해				후유장애									
상해등급	보험가입금액 1,500(3,000)	상해등급	보험가입금액 1,500(3,000)	장해등급	보험가입금액				장해등급	보험가입금액			
					1,500만원	3,000만원	5,000만원	1억원		1,500만원	3,000만원	5,000만원	1억원
1급	1,500(3,000)	8급	180(200)	1급	1,500	3,000	5,000	10,000	8급	450	900	1,500	3,000
2급	800(1,600)	9급	140(200)	2급	1,350	2,700	4,500	9,000	9급	360	720	1,200	2,400
3급	750(1,500)	10급	120(140)	3급	1,200	2,400	4,000	8,000	10급	270	540	900	1,800
4급	700(1,400)	11급	100(140)	4급	1,050	2,100	3,500	7,000	11급	210	420	700	1,400
5급	500(1,000)	12급	60(80)	5급	900	1,800	3,000	6,000	12급	150	300	500	1,000
6급	400(800)	13급	40(80)	6급	750	1,500	2,500	5,000	13급	90	180	300	600
7급	250(500)	14급	20(80)	7급	600	1,200	2,000	4,000	14급	60	120	200	400

•상해등급은 자동차손해배상 보장법 시행령 별표1에서 정한 상해 구분에 따르고, 장해등급은 자동차손해배상 보장법 시행령 별표2에서 정한 후유장해 구분에 따릅니다.

각종 장해판정법의 신체 제관절 가동범위 비교

구분	운동의 종류 굴곡(전굴)	AMA 3판 (1988) 60 75 40%		AMA 4판 (1993) 50	AMA 5판 (2000) 50	맥브라이드	자배법	산재 (척추부위별운동범위) 45 후-C1 13			
경추부 (Cervical)	신전(후굴)		40%	60	60						
	좌굴	45	25%	45	45			45		C1-C2	10
	우굴	45		45	45			45		C2-C3	4
	좌회전	80	35%	80	80			45		C3-C4	13
	우회전	80		80	80			80		C4-C5	12
흉추부 (Thoracic)	Flexion 굴	50	60%	50	45			80		C5-C6	17
	Extension 신	-		-	-			흉요추 전굴	90	C6-C7	16
	L-lateral 좌굴	-		-	45					C7-T1	9
	R-lateral 우굴	-		-	45			후굴	30	합계	89
	L-rotation 좌회	30	40%	30	30						
	R-rotation 우회	30		30	30			좌굴	30	T1-T2	4
요추부 (Lumbar)	Flexion	60	75%	60	60					T2-T3	4
	Extension	25		25	25			우굴	30	T3-T4	4
	L-lateral	25	25%	25	25					T4-T5	
	R-lateral	25		25	25			좌회	30	T5-T6	4
	L-rotation	-	-		-					T6-T7	5
	R-rotation	-		-	-			우회	30	T7-T8	5
										T8-T9	4
견관절 (Shoulder)	전방거상굴(FL)	180	50%	180	180	90	180	150		T9-T10	6
	후방거상신(Ex)	50		50	40	45	45~50	40		T10-11	9
	Adduction 내전	50	20%	50	30	견갑고정	측방거상 180	30		T11-12	12
	Abduction 외전	180		180	180	비고정		150		합계	64
	External	90	30%	90	80	90	110~115	40			
	Internal 외회전	90		90	90	90	15~20	90		T12-L1	12
주관절 (Elbow)	Flexion	140	60%	150	150	35	30~35	150		L1-L2	12
	Extension	0		0	0	180	180	0		L2-L3	14
	Pronation회내	80	40%	80	80		20~25	80		L3-L4	15
	Supinnation	80		80	80		185~190	80		L4-L5	17
완관절 (Wrist)	Extension(배굴)	60	70%	60	60	70~90	115~120	배굴	60	L5-S1	20
	Flexion(장굴)	60		70	60	65	115~120	장굴	70	합계	90
	Radial 요굴	20	30%	35	20	35	35	요사위	20		
	Ulnar 척굴	30		45	30	45	45	척사위	30		
	Pronation	-	-	-	-	90					
	Supinnation	-		-	-	90					
고관절 (Hip)	Flexion	100	33%	100	100	120	45~50	100			
	Extension	30		30	30	45	205~210	30			
	Adduction	20	33%	20	20	40	30~35	20			
	Abduction	40		40	40	50	55~60	40			
	External-R	50	33%	50	40	60	65~70	40			
	Interpal	40		40	50	30	50~55	50			
슬관절 (Knee)	Flexion	150	100%	150	150	135	35~45	150			
	Extension	0		0	-	-	180	0			
족관절 (Ankle)	Flexion(저굴)	40	70%	40	40	45	155~160	40			
	Extension(배굴)	20		20	20	20	70~75	20			
	Inversion 내반	30	30% 지2	35	20	35	35	30			
손가락 AMA 중수지절관절(MP관절) F1 Ex	Eversion 외반 모지(1지) Ex-Fi 100	20 시 9		25 중지 3 90	30 약지 4 90	25 소지 5 90	25 발가락 중족지절관절(MP)	20 1 2 3 4 5 50 40 30 20 10			
	Radial Abd 50	20		20	20	20		30	30	20	10 / 10
제1지관절 F1	80	100		100	100	100	제1지관절 (PIP관절)	30	-	-	- / -
제1지관절 Ex	30	0		0	0	0		0	-	-	- / -
제2지관절 F1	-	70		70	70	70	"-"는 정상운동범위에 대한 기록 없음				
제2지관절 Ex	-	0		0	0	0					

*A.M.A 운동범위 측정기법 : 환자의 장해와 편안감의 정도, 알려진 해당관절의 생태 역학적 특성을 고려하면서 측정할 부위를 적합한 자세로 고정함.
(측정을 위한 최적의 자세는 지침서에 따름).

·발가락 : A.M.A 4th부터 Toe의 Average range가 기술되지 않았다. 따라서 Average range of Toe는 A.M.A 3th의 운동범위를 인용함.

자동차보험의 경우

자동차보험도 배상책임보험과 별반 다르지 않다.

보험마다 보험금을 받을 때 적용되는 보험금 산정 방식이 다르다. 개인보험 후유장해보험금을 받을 때는 가입시기별로 보험금 산정 방식이 다르다. 오래된 생명보험의 경우에는 급수별 후유장해보험금이 있고, 그 외는 장해지급률로 계산하기 때문에 보험가입금액 X 해당 장해지급률로 계산된다.

[장해등급분류표]

등급	신체장해
제1급	1. 두눈의 시력을 완전영구히 잃었을 때 2. 말 또는 씹어먹는 기능을 완전영구히 잃었을 때 3. 중추신경계 또는 정신에 뚜렷한 장해를 남겨서 평생토록 항상 간호를 받아야 할 때 4. 흉복부 장기에 뚜렷한 장해를 남겨서 평생토록 항상 간호를 받아야 할 때 5. 두팔의 손목이상을 잃었거나 완전영구히 사용하지 못하게 되었을 때 6. 두다리의 발목이상을 잃었거나 완전영구히 사용하지 못하게 되었을 때 7. 한팔의 손목이상을 잃고, 한다리의 발목이상을 잃었을 때 8. 한팔의 손목이상을 잃고, 한다리를 완전영구히 사용하지 못하게 되었을 때 9. 한다리의 발목이상을 잃고, 한팔을 완전영구히 사용하지 못하게 되었을 때
제2급	1. 중추신경계 또는 정신에 뚜렷한 장해를 남겨서 평생토록 수시 간호를 받아야 할 때 2. 흉복부 장기에 뚜렷한 장해를 남겨서 평생토록 수시 간호를 받아야 할 때 3. 한팔 및 한다리를 완전영구히 사용하지 못하게 되었을 때 4. 10손가락을 잃었거나 완전영구히 사용하지 못하게 되었을 때 5. 한팔 또는 한다리 중에서 제3급의 2 내지 7중의 신체장해가 생기고 다른 한팔 또는 한다리 중에서 제3급의 2 내지 7중 또는 제4급의 5 내지 11중에서 신체장해가 발생되었을 때 6. 두귀의 청력을 완전영구히 잃었을 때
제3급	1. 한눈의 시력을 영구히 잃었을 때 2. 한팔의 손목이상을 잃었을 때 3. 한팔 또는 한팔의 3대관절중 2관절을 완전영구히 사용하지 못하게 되었을 때 4. 한다리의 발목이상을 잃었을 때 5. 한다리 또는 한다리의 3대관절중 2관절을 완전영구히 사용하지 못하게 되었을 때 6. 한손의 5손가락을 잃었을 때 7. 한손의 첫째손가락 및 둘째손가락을 포함하여 4손가락을 잃었을 때 8. 10발가락을 잃었을 때 9. 척추에 고도의 기형 또는 고도의 운동장해를 영구히 남겼을 때(추간판탈출증은 제외) 10. 한팔 또는 한다리중 제4급의 5 또는 6의 신체장해가 있고 다른 한팔 또는 한다리 중 제4급의 5 또는 6의 신체장해가 발생하였을 때
제4급	1. 두눈의 시력에 각각 뚜렷한 장해를 영구히 남겼을 때 2. 말 또는 씹어먹는 기능에 뚜렷한 장해를 영구히 남겼을 때 3. 중추신경계 또는 정신에 뚜렷한 장해를 남겨서 평생 일상생활 기본동작에 제한을 받게 되었을 때 4. 흉복부 장기에 뚜렷한 장해를 남겨서 평생 일상생활 기본동작에 제한을 받게 되었거나, 양쪽 고환을 잃었을 때 5. 한팔의 3대관절 중 1관절을 완전영구히 사용하지 못하게 되었을 때 6. 한다리의 3대관절 중 1관절을 완전영구히 사용하지 못하게 되었을 때 7. 한다리가 영구히 5cm이상 단축되었을 때 8. 한손의 첫째손가락 및 둘째손가락을 잃었을 때 9. 한손의 첫째손가락 또는 둘째손가락 중 1손가락을 포함하여 3손가락 이상을 잃었을 때 10. 한손의 5손가락을 완전영구히 사용하지 못하게 되었을 때 11. 한손의 첫째손가락 및 둘째손가락을 포함하여 3손가락 이상을 완전영구히 사용하지 못하게 되었을 때 12. 10발가락을 완전영구히 사용하지 못하게 되었을 때 13. 한발의 5발가락을 잃었을 때 14. 한귀의 청력을 영구히 잃고 다른 귀의 청력에 뚜렷한 장해를 영구히 남겼을 때 15. 척추에 중도의 기형 또는 중도의 운동장해를 영구히 남겼을 때(추간판탈출증은 제외) 16. 고도의 추간판탈출증
제5급	1. 비장 또는 한쪽의 신장을 상실한 때 2. 한팔의 3대관절 중 2관절의 기능에 뚜렷한 장해를 영구히 남겼을 때 3. 한다리의 3대관절 중 2관절의 기능에 뚜렷한 장해를 영구히 남겼을 때 4. 한손의 첫째손가락 또는 둘째손가락을 잃었을 때 5. 한손의 첫째손가락 또는 둘째손가락 중 1손가락을 포함하여 2손가락을 잃었을 때 6. 한손의 첫째손가락 및 둘째손가락 이외의 3손가락을 잃었을 때 7. 한손의 첫째손가락 및 둘째손가락을 완전영구히 사용하지 못하게 되었을 때 8. 한손의 첫째손가락 또는 둘째손가락중 1손가락을 포함하여 3손가락 이상을 완전 영구히 사용하지 못하게 되었을 때 9. 한발의 5발가락을 완전영구히 사용하지 못하게 되었을 때 10. 한발의 첫째발가락을 포함하여 2발가락 내지 4발가락을 잃었을 때 11. 두귀의 청력에 뚜렷한 장해를 영구히 남겼을 때 12. 한귀의 청력을 완전영구히 잃었을 때 13. 코가 결손되거나 또는 그 기능에 뚜렷한 장해를 영구히 남겼을 때 14. 척추에 경도의 기형 또는 경도의 운동장해를 영구히 남겼을 때 (추간판탈출증은 제외) 15. 두부 및 안면부에 현저한 추상을 남겼을 때 16. 중도의 추간판탈출증

제6급	1. 한눈의 시력에 뚜렷한 장해를 영구히 남겼을 때 2. 한팔의 3대관절중 1관절의 기능에 뚜렷한 장해를 영구히 남겼을 때 3. 한다리의 3대관절중 1관절의 기능에 뚜렷한 장해를 영구히 남겼을 때 4. 한다리가 영구히 3cm이상 5cm미만 단축되었을 때 5. 한손의 첫째손가락 또는 둘째손가락을 완전영구히 사용하지 못하게 되었을 때 6. 한손의 첫째손가락 또는 둘째손가락을 포함하여 2손가락을 완전영구히 사용하지 못하게 되었을 때 7. 한손의 첫째손가락 및 둘째손가락 이외의 2손가락 이상을 완전영구히 사용하지 못하게 되었을 때 8. 한손의 첫째손가락 또는 둘째손가락 이외의 1손가락 또는 2손가락을 잃었을 때 9. 한발의 첫째발가락 또는 다른 4발가락을 잃었을 때 10. 한발의 첫째발가락을 포함하여 3발가락 이상을 완전영구히 사용하지 못하게 되었을 때 11. 한귀의 청력에 뚜렷한 장해를 남겼을 때 12. 두부 및 안면부에 추상을 남겼을 때 13. 성기능에 영구적으로 장해가 남았을 때 14. 경도의 추간판탈출증

13. 신경계·정신행동 장해

가. 장해의 분류

장해의 분류	지급률
1. 신경계에 장해가 남아 일상생활 기본동작에 제한을 남긴 때	10~100
2. 정신행동에 극심한 장해가 남아 타인의 지속적인 감시 또는 감금상태에서 생활해야 할 때	100
3. 정신행동에 심한 장해가 남아 감금상태에서 생활할 정도는 아니나 자해나 가해의 위험성이 지속적으로 있어서 부분적인 감시를 요할 때	70
4. 정신행동에 뚜렷한 장해가 남아 대중교통을 이용한 이동, 장보기 등의 기본적 사회 활동을 혼자서 할 수 없는 상태	40
5. 극심한 치매: CDR 척도 5점	100
6. 심한 치매: CDR 척도 4점	80
7. 뚜렷한 치매: CDR 척도 3점	60
8. 약간의 치매: CDR 척도 2점	40
9. 심한 간질발작이 남았을 때	70
10. 뚜렷한 간질발작이 남았을 때	40
11. 약간의 간질발작이 남았을 때	10

그렇다면 배상책임보험의 경우는 보험금이 어떻게 계산되는지 살펴보자. 배상책임보험의 경우에는 민사상 손해배상 산정방식을 사용한다. 그러므로 피해자가 받게 되는 손해배상금 항목은 위자료, 기왕치료비, 향후치료비, 일실수입, 사망일실수입, 기왕 개호비, 향후 개호비, 일실퇴직금이 있다.

자동차보험에서는 손해액 산정방식이 배상책임보험과 약간 다르다. 산정방식도 다르지만 명칭도 일부 다르다.

보험금 분쟁이 예견된다면?

사고가 나면 제일 먼저 받는 질문이 있다. 얼마 받을 수 있어요?

제발 묻지 말자, 얼마 받을 수 있냐고! 물론 궁금한 것은 이해한다. 그러나 각 사고마다 내가 받을 수 있는 보험금이 얼마인지 아무도 모른다. 이것은 누구도 확정적으로 대답해 줄 수 없다. 그럼 예상 금액을 얘기해 줄 수는 없냐고 또 물어본다. 고객이 치료가 잘 돼서 후유장해가 안 남으면 받을 수 있는 금액은 얼마 안 된다. 결국 보험사도, 손해사정사도 알 수 없다는 게 정답이다.

보험사가 감액을 시도하는 경우가 있다. 이상하지 않은가? 진단비라면 보험증권에 나와 있는 대로 보험가입금액을 다 받을 수 있다고 생각한다. 그러나 때로는 보험사에서 전액 지급할 수 없다고 할 때가 종종 있다.

이때는 고객이 결정해야 하는 순간이다. 받아들일 건지 아니면 소송을 갈 건지 말이다. 보험사는 소송도 불사한다. 보험사가 승소한다면 동일한 경우에는 다른 고객에게도 보험금을 주지 않는 명백한 이유가 되기 때문이다. 치사하지만 현실이다.

그래도 누군가는 상당한 소송 비용에도 불구하고 소송을 가기 때문에 판결에 따라 많은 사람들이 혜택을 보는 경우도 비일비재하다. 보험사는 불리할 것 같으면 소송을 가겠다고 한다. 개인이 보험사를 상대로 소송하는 경우에는 큰 결심이 필요하다. 소송 비용과 소송에 소요되는 시간, 그리고 정신적인 스트레스는 오로지 개인이 감당할 몫이기 때문이다.

• 보험금 제대로 못 받아서 힘들 때 받는 손해사정 컨설팅

상해사고와 질병사고, 이 중 특히 컨설팅이 필요한 분야는 상해사고다. 어떻게 컨설팅하느냐에 따라 고객이 받는 보험금 앞자리가 달라질 수 있다.

교통사고를 당하면 가벼운 부상이 아니고서는 병원에 입원하기 마련이다. 그럼 나의 부상으로 얼마나 입원할 수 있는지가 관건이다. 의사는 진단서상에 진단주수(가령 전치 2주 또는 3주 등)를 적어 준다. 그럼 해당 진단주수 만큼은 병원에 입원할 수 있다.

그런데 입원 기간은 곧 끝나가고, 나는 계속 아픈데 일을 할 수도 없는 상태이며, 퇴원해서 집에 머문다고 해도 혼자서 할 수 있는 게 아무것도 없을 수 있다. 집에서 아픈 나를 돌봐 줄 수 있는 사람도 없는 경우가 많다. 이때 어떻게 하는 것이 피해자에게 가장 좋은 지를 손해사정사가 컨설팅해 줄 수 있다.

또한 피해자의 진단서상 부상명과 현재 피해자의 건강상태를 확인하여 추가적인 검사를 받을 수 있도록 조언도 해 줄 수 있다. 단지 보험금을 더 받기 위해서만이 아니라 향후 보험사와 피해자 간 합의 이후에 발생할 수 있는 추가적인 후유증을 미연에 방지하기 위함이다.

질병사고의 경우, 즉 암보험금, 뇌졸중 진단비, 심혈관 진단비 등 각종 진단금을 청구하게 되는 질병사고 발생 시 보험금을 청구하면 현장조사자가 나와서 의사에게 해당 질병에 대한 소견서를 받아 오라고 한다. 그리고 소견서를 받아 오면 보험금을 지급하겠다고 한다.

이 말의 숨은 의미는 뭘까?

보험금을 지급하지 않겠다는 것이다.

보험사가 요구하는 내용대로 의사가 써 줄 리도 만무하지만 어떻게 써 달라고 요청해야 할지도 모르기 때문이다.

그런데 고객은 의사의 소견서만 있으면 보험금을 받을 수 있다고 생각하기 때문에 손해사정사에게 정보만 얻을 수 있을까 해서 방문하는 경우가 대부분이다. 손해사정사가 설명을 해 줘도 고객은 직접 의사에게서 소견서를 받기 어렵다. 의사가 어떻게 써 줘야 하냐고 반문하는 경우 어떤 대답을 할 수 있을까를 생각해 보면 쉽게 이해할 수 있을 것이다.

사례 1. 상세불명의 뇌경색증 I63.9

고객이 보험사에 뇌경색 진단비를 청구했다. 현장조사자가 와서 고객 면담을 진행했다. 진료기록 열람 및 사본 발급 동의서와 위임장에 서명해 줬더니 거주지 인근 병원을 털었다.

조사자: 보험 가입 전에 한의원에 가서 허리에 침을 맞은 적이 있으시네요. 그리고 보험 가입하실 때 이 사실을 고지 안 하셨네요.

고객: 보험 가입할 때 그 사실을 전혀 기억하지 못했어요.

조사자: 그럼 고지의무 위반 부분은 경미하니까 그냥 넘어가 드릴게요. 대신 저희 양식으로 의사 선생님한테 소견을 받아 오시면 보험금 지급을 다시 검토해드릴게요.

이후 고객은 병원에 방문해서 간호사에게 보험사에서 해당 소견서 양식에 의사 선생님의 소견을 써 달라고 하라는데, 이런 소견서를 받아 본 적 있냐고 물었더니 처음 본다는 대답을 들었다고 한다. 더구나 고객 본인이 봤을 때도 과연 의사 선생님이 이 소견서 양식에 나와 있는 모든 질문에 답을 해 줄 것인가가 의문이라고 했다. 고객은 어떤 선택을 했을까?

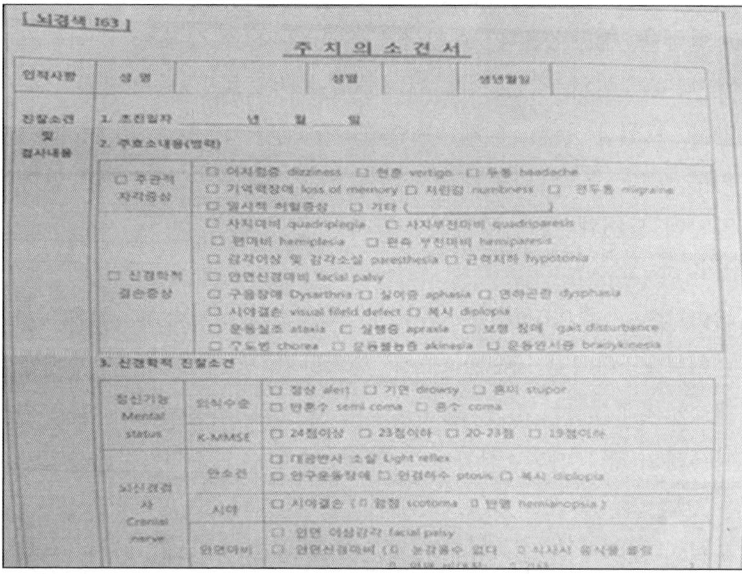

[뇌경색 I63]

주 치 의 소 견 서

인적사항	성 명		성별		생년월일	

진찰소견 및 검사내용

1. 초진일자 ____ 년 ____ 월 ____ 일

2. 주호소내용(병력)

□ 주관적 자각증상	□ 어지럼증 dizziness □ 현훈 vertigo □ 두통 headache □ 기억력장애 loss of memory □ 저린감 numbness □ 편두통 migraine □ 일시적 허혈증상 □ 기타 ( )
□ 신경학적 결손증상	□ 사지마비 quadriplegia □ 사지부전마비 quadriparesis □ 편마비 hemiplesia □ 편측 부전마비 hemiparesis □ 감각이상 및 감각소실 paresthesia □ 근력저하 hypotonia □ 안면신경마비 facial palsy □ 구음장애 Dysarthria □ 실어증 aphasia □ 연하곤란 dysphasia □ 시야결손 visual fileld defect □ 복시 diplopia □ 운동실조 ataxia □ 실행증 apraxia □ 보행 장애 gait disturbance □ 무도병 chorea □ 운동불능증 akinesia □ 운동완서증 bradykinesia

3. 신경학적 진찰소견

정신기능 Mental status	의식수준	□ 정상 alert □ 기면 drowsy □ 혼미 stupor □ 반혼수 semi coma □ 혼수 coma
	K-MMSE	□ 24점이상 □ 23점이하 □ 20-23점 □ 19점이하
뇌신경검사 Cranial nerve	안소견	□ 대광반사 소실 Light reflex □ 안구운동장애 □ 안검하수 ptosis □ 복시 diplopia
	시야	□ 시야결손 (□ 암점 scotoma □ 반맹 hemianopsia)
	안면마비	□ 안면 이상감각 facial palsy □ 안면신경마비 (□ 눈감을수 없다 □ 식사시 음식물 흘림 [illegible])

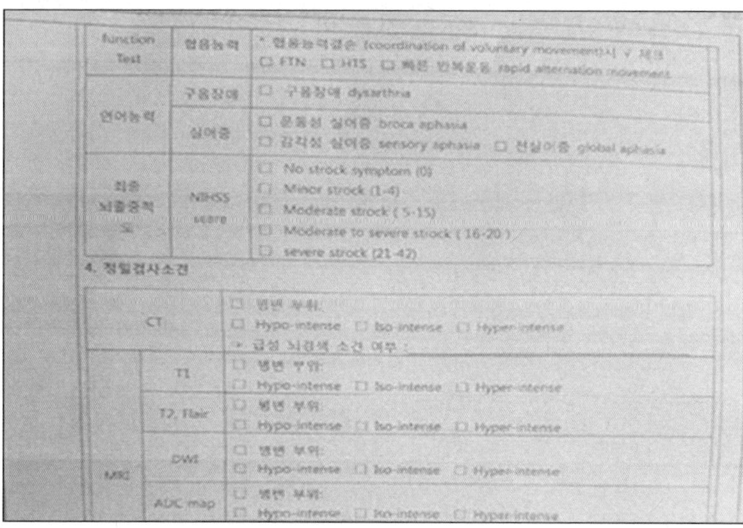

function Test	협응능력	* 협응능력결손 (coordination of voluntary movement)시 √ 체크 □ FTN □ HTS □ 빠른 반복운동 rapid alternation movement
언어능력	구음장애	□ 구음장애 dysarthria
	실어증	□ 운동성 실어증 broca aphasia □ 감각성 실어증 sensory aphasia □ 전실어증 global aphasia
최종 뇌졸중척도	NIHSS score	□ No strock symptom (0) □ Minor strock (1-4) □ Moderate strock (5-15) □ Moderate to severe strock (16-20) □ severe strock (21-42)

4. 정밀검사소견

CT		□ 병변 부위: □ Hypo-intense □ Iso-intense □ Hyper-intense ➢ 급성 뇌경색 소견 여부 :
MRI	T1	□ 병변 부위: □ Hypo-intense □ Iso-intense □ Hyper-intense
	T2, Flair	□ 병변 부위: □ Hypo-intense □ Iso-intense □ Hyper-intense
	DWI	□ 병변 부위: □ Hypo-intense □ Iso-intense □ Hyper-intense
	ADC map	□ 병변 부위: □ Hypo-intense □ Iso-intense □ Hyper-intense

보험금을 청구했는데 보험금을 지급하지 않겠다는 우편물이 날아온다. 이의가 있을 시 반대증거를 제출하면 다시 검토하겠단다. 보험금 부책, 면책, 보험금 부지급, 소멸시효 완성, 고지의무 위반, 통지 의무 위반 등등. 이게 다 무슨 말인가? 한국말인데 도대체 무슨 말인가? 외계어 같은데.

이와 같은 많은 보험금 분쟁 때문에 손해사정사가 존재한다. 보험금을 제대로 못 받을 때 포기하지 말고 손해사정사에게 의뢰하자. 그렇다고 손해사정사가 편법을 사용하거나 불법을 사용하지 않는다. 보험사가 가만히 있지도 않는다. 손해사정사는 보험약관을 해석하고 의무기록을 분석하고, 의학적으로 전문의의 자문을 받고 틈새를 파고들어 보험사에 대항한다. 손해사정사도 끊임없이 공부하는 것은 이 때문이다.

[참고] 급성심근경색 진단비 분쟁을 차단을 위한 기준 명확화 추세

급성심근경색 진단비 분쟁 사전 차단약관 개선지급 기준 명확화 요구

금융감독원이 약관을 자의적으로 해석해 급성심근경색 진단비를 지급하지 않는 보험업계의 관행에 제동을 걸었다.
금감원은 부검감정서상 사인이 급성심근경색증으로 기재되어 있다면 사망의 직접적인 원인임을 증명하지 못하더라도 보험금 지급 기준을 충족했다고 판단했다.
금감원이 보험금 미지급 보험사에게 보험금 지급은 물론 약관 개정을 통해 분쟁 소지를 차단할 것을 요구한 만큼, 향후 소비자와 보험사는 불필요한 갈등을 피할 수 있을 것으로 보인다.

출처 : 보험매일 방영석 기자

급성심근경색증 사망자도 보험금 지급 받는다

22일 보험업계에 따르면 금감원은 최근 감독행정을 통해 보험사들에게 미지급한 급성심근경색증 진단비를 지급할 것을 지도했다.
보험사가 불분명한 약관상의 기준을 자의적으로 해서, 보험금 지급을 거부해 왔으며 이로 인해 소비자가 불합리하게 보험금을 받지 못하고 있다는 판단에 따른 결정이다.
이번 행정지도 대상인 급성심근경색증 진단비는 피보험자가 생전에 해당 질병을 진단받거나 치료를 받았음을 증명할 경우 사망 이후 보험금을 지급하는 상품이다.
현행 약관에서는 피보험자가 급성심근경색으로 진단 또는 치료를 받고 있었음을 증명할 수 있는 문서화 된 기록 또는 증거가 있을 경우 보험금을 지급한다고 규정하고 있다.
보험업계는 계약자의 부검감정서상 사인이 급성심근경색증(가능성)으로 기재되어 있더라도 사망의 직접적인 원인임을 증명할 수 없다는 이유로 보험금을 지급하지 않았다.

해당 질병이 사망의 원인이 될 가능성은 있으나 주요 원인임을 확신하기 어려운 상황에서 부검감정서의 사인만으론 보험금 지급 조건을 충족했다 볼 수 없다는 주장이다.

반면 금감원은 이번 행정지도에서 작년 3월 금융분쟁조정위원회의 조정 결과 및 대법원 판결을 근거로 보험업계의 해석이 부당하다는 사실을 강조했다.

급성심근경색으로 사망했을 가능성이 있다는 사실이 부검감정서에 기재되어 있다면 피보험자가 보험금 지급을 위해 요구됐던 질병의 진단치료를 증명할 수 있다는 것이다.

이에 금감원은 보험업계에 대해 부검감정서상 사인으로 급성심근경색증(추정 포함)으로 기재된 경우 관련 보험금을 지급하라 지시했다.

아울러 급성심근경색증이 부검감정서에 포함되어 있다면 보험금을 지급해야 한다는 내용을 약관에 명시, 소비자와 보험사간 갈등이 발생하지 않도록 대비에 나섰다.

약관문제 확산 차단 '총력전'

보험업계는 최근 불분명한 약관으로 즉시연금과 암보험입원일당 등 보험금 지급과 관련된 대규모 민원이 잇달아 발생했다.

금감원이 감독행정을 통해 급성심근경색 진단보험금 지급을 지시한 것은 분쟁 발생 소지를 사전에 차단해 더 이상의 소비자 피해가 발생하지 않도록 하기 위함으로 분석된다.

모호한 약관을 사용하도록 허용한 주체가 금감원이기 때문에 이로 인해 민원 및 소송이 빈발하게 발생한다면 감독 책임을 소홀히 했다는 비판을 피하기 어렵기 때문이다.

실제로 최근 발생한 보험사소비자 간 민원과 분쟁의 대다수는 약관이 이중으로 해석될 여지가 있었다는 공통점을 보였다.

금융당국과 보험사의 소송전으로 번진 즉시연금 사태의 경우 소비자가 납부한 보험료의 일부분을 사업비로 적립한다는 사실을 약관에 명시하지 않은데서 시작됐다.

암환우들의 집회가 계속되고 있는 암보험입원일당 분쟁의 근본 원인 역시 '직접치료'라는 문구가 한정하는 치료에 대한 해석이 갈렸기 때문이다.
금감원은 민원이 급증하자 보험업계에 보험금 일괄지급을 권고하고 약관을 개정하는 등 대처에 나섰으나 갈등 봉합에 애를 먹고 있다.
보험사는 금감원의 보험금 지급 권고를 수용하지 않고 있으며 현재 민원을 제기한 소비자 대다수는 대법원의 편결이 나오기 이전까지 장기간의 소송전이 불가피해진 상태다.
보험업계 관계자는 이번에 문제가 된 급성심근경색 진단비 약관에는 사망과 질병 사이의 인과 관계가 명시되어 있지 않다며 사망의 원인이 불분명할 경우 보험사에 따라 보험금 여부에 대한 해석이 달라지는 문제가 발생했다고 말했다.

출처 : 보험매일 방영석 기자(2018.10.22.)

왜 보험금은 늘 적게 느껴질까?

사고를 당한 사람들은 모두 내가 당한 사고에 비해 받는 보험금은 늘 적다고 말한다. 나는 이번 사고로 앞으로 같은 일을 할 수 없을 거라는 얘기를 의사에게 들었다고 하며 어떻게 먹고 살지 걱정이라고 한다.

사례1. 견관절 와순 파열로 수술한 산재환자

산재 장해등급에 해당하는 장해 내용도 모르면서 막연하게 나는 산재장해 9급 같다고 한다. 그런데 잘 받아야 산재장해 12급이라고 말해 주니 먼저 흥분부터 한다. 배관공이기 때문에 하루 일당도 많이 받는데, 사고 이후로는 팔을 위로 올려서 하는 배관작업은 할 수 없다는 얘기를 의사로부터 들은 뒤로 상실감이 이만저만이 아니라고 한다.

피해자는 이 일이 자신에게 잘 맞고 65세까지는 이 일을 계속할 수 있을 거라고 생각하며 살았는데 다른 일을 찾아야 한다니 청천벽력 같은 소리였을 것이다. 현대 의학의 발전으로 과거 영구장해로 인정되던 부분도 한시장해로 변화되는 세상이다. 아무리 영구장해라고 외쳐도 들어주는 이가 없다. 소송을 간다고 해서 영구장해로 인정받을 수 있을지는 아무도 모른다. 신체감정의의 감정 결과에 따라 판사님이 결정한다.

사례2. 요골복합분쇄골절로 수술한 산재환자

산재 장해등급 14급 동통장해에 해당하는 환자이다. 사실 14급이 아니라 13급도 가능할 수 있는 환자이나 수술이 너무 잘된 덕분일까? 수술한 병원 주치의는 장해가 없다고 하여 환자는 병원을 오가며 통원 치료를 받는 중이었다. 노무사에게 맡겨서 산재장해를 진행하는데 14급이면 왜 맡겼을까 하는 의문도 생겼다.

그러나 나에게 의뢰가 왔을 때는 산재장해급여 신청 전 개인보험 후유장해보험금을 먼저 청구해서 받고 싶다고 했다. 다른 곳에서 들었는데 고객의 경우는 개인보험에서 후유장해보험금을 먼저 받고 장해급여를 청구해서 받는 것이 좋다고 했더라는 얘기이다. 물론 맞는 얘기이다.

하지만 보험사는 바보가 아니다. 보험사도 조사를 하니 산재로 치료를 종결했고, 개인보험 후유장해보험금을 먼저 청구해서 받으려고 한다는 것을 안다. 그럼 보험사는 청구한 보험금을 쉽게 줄까 하는 의문이 들 것이다. 보험사는 산재장해등급이 확정될 때까지 보험금을 지급하지 않고 미룰 확률이 높다. 이유는 말하지 않아도 예상할 것이다. 후유장해가 없다고 통보하기 위해서이다. 또는 영구장해가 아닌 한시장해를 주장하기 위해서이다. 그럼 보험금을 안 주거나 적게 줄 수 있기 때문이다. 이 또한 보험사의 술수다.

보험금을 헐값으로 만드는 현실적인 문제들

첫째, 우선 고객은 돈이 없다. 그래서 고객은 기다리지 못한다. 너무 조급하다. 물론 이해는 간다.

먹고 살아야 하니까.

보험사의 주장이 틀리다며 손해사정사가 반박을 하더라도 보험사는 재반박을 하며 보험사가 맞다고 한다. 그럼 손해사정사는 물러서야 할까?

아니다.

손해사정사는 물러서고 싶지 않다.

손해사정한 내용에 대해 정당한 의견을 제시했기 때문이다.

그러나 이때 변수가 등장한다. 바로 고객이다. 고객에게 설명하면 고객도 손해사정사의 의견에 동의는 하지만, 돈이 급하니 손해를 보더라도 보험사에서 제시하는 보험금을 받아들이겠다고 한다. 그럼 보험금은 적어질 수밖에 없다.

둘째, 보험사가 제시하는 금액에 만족하지 못한다.

그럼 소송을 고려하는 사람도 있다. 그러나 결국 소송 비용도 아까워서 다시 보험사에 연락한다. 그렇게 되면 손해사정사에게 맡겨서 진행했을 때보다 보험금 액수가 더 적어진다.

생각해 보라. 누가 아쉬워서 보험사에 연락했는지를. 이제부터 보험사는 배짱이다. 이 금액에 합의하시려면 하고 아니면 소송하란다.

결국 손해사정사가 진행했을 때보다 훨씬 더 적은 금액에 합의한다. 손해사정사에게 줄 보수는 아낄 수 있었을지 모르지만 결국 고객은 더 큰 손해를 봤다.

셋째, 비전문가에게 맡긴 경우에는 더 큰 문제다. 비전문가들은 의뢰를 받은 순간부터 빨리 해결하려고 한다.

물론 그게 잘못됐다는 것은 아니다. 그러나 충분히 검토하고 고객에게 유리한 방향을 제시하며 일을 하는 것이 아니라 단기간에 빨리 끝내서 보수를 받으려는 것이다. 이러한 경우 대충 보험사와 고객이 합의하도록 종용하는 경우도 비일비재하다.

• 사고가 나기 전에 손해사정사를 알아 두면 이익이다

평소 손해사정사를 알고 있다면 어떤 이익이 있을까? 많은 사람들이 보험금을 청구할 수 있는 사안인지 알지 못한다. 병원에 입원을 하거나 수술을 받으면 입원비나 수술비를 보험사에 청구해서 받을 수 있다는 것은 안다.

숨은 보험금 찾기

가령 골절진단비라는 담보가 있다는 것은 알면서도 내가 부상 입은 골절이 골절진단비에 해당되는 것을 모른다.

예를 들면, 선상골절이다. 선상골절이란 쉽게 설명하면 뼈에 실금만 간 경우다. 수술을 하지도 않은 상태로 보조기를 차며, 일정 기간이 지나면 보조기를 사용하지 않는다. 그렇기 때문에 골절은 맞는데 골절진단비에 해당된다는 생각을 못한다.

또 다른 경우는 건강검진 시 대장의 용종을 제거한 경우 수술비를 청구해서 받을 수 있다는 것 또한 알지 못하는 경우도 허다하다.

용종 제거가 수술인가?
아리송하다.

이렇듯 보험을 잘 알지 못하는 사람들은 보험에 가입하고도 보험금을 제대로 받지 못한다.

평소 '우리 집 주치의'처럼 '**우리 집 손해사정사**'를 알아두면 보험금을 놓치지 않고 받을 수 있다.

보험사는 청구하지 않으면 보험금을 주지 않는다. 내가 제대로 알고 청구를 해야 받을 수 있는 것이 보험금이다.

숨은 보험금을 찾아 드립니다

	예	아니오
1. 교통사고로 자동차 보험 회사와 합의를 하신 적이 있으십니까?		
2. 암, 뇌졸중, 급성심근경색으로 진단을 받으신 적이 있으십니까?		
3. 본인이나 자녀가 타인의 재물이나 신체를 다치게 하여 손해배상을 하신 적이 있으십니까?		
4. 보험료 납입연체 안내를 받지 못해 보험이 실효된 적이 있으십니까?		
5. 혈액투석, 인공관절수술 받은 적이 있으십니까?		
6. 다음과 같은 사항으로 보험금을 청구하셨나요?		
1) 건강검진시 용종이 발견되어 제거한 경우		
2) 다쳐서 얼굴에 흉터가 있는 경우		
3) 암 수술 후 방사선 치료를 받은 경우		
4) 피부에 점, 사마귀, 티눈을 제거한 경우		
5) 선천적인 질환으로 수술을 받은 경우		
6) 치매 환자가 있는 경우		
7) 임플란트(치조골이식수술) 하신 경우		

손해사정사를 통해서 보험금을 받는 사람들

직접 보험사에 보험금 청구하면 되지 왜 손해사정사를 써야 해?

나는 내 보험설계사를 통해서 보험금을 받았어.

최근 주변에서 심심치 않게 들려오는 이야기다.

심지어 지방에서 상담이 들어왔는데 그 대상은 보험설계사다. 사연을 들어보니 보험설계사의 고객이 상해를 당했는데 자기 고객이 가입한 개인보험에서 후유장해진단금을 지급 받을 수 있도록 도우려고 치료 받은 병원 의사에게 후유장해진단서를 발급받았다는 것이다.

그러나 상해를 당한 환자의 후유장해진단서와 그 검사결과지를 비교해보는데 앞뒤가 맞지 않는다. 도저히 해당 검사결과와 후유장해진단서가 일치하지 않았다. 이대로 보험사에 후유장해보험금을 청구하면 당연히 보험사 심사 담당자는 현장조사자를 내보낸다. 너무나 의심되는 상황이 아닌가.

또한 횡단보도 앞 인도에서 발목을 접질렸다고 영조물배상책임보험에서 손해배상을 받으려고 하는데 해당이 되겠냐는 것이 두 번째 질문이었다. 영조물배상책임보험에 가입된 보험사에 청구하려면 해당 사고를 조사하고 현장에서 증거도 확보한 후 사고 접수를 하여야 한다.

그러나 해당 사고가 발생한 곳은 발목이 접질렸다고 인정될 만한 장소가 아니었다. 포트홀이 있었다거나 보도 경계석의 단차로 인한 사고도 아니고, 단지 호스 윗부분 콘크리트가 벗겨져 있었는데 이 정도로 도로상의 하자를 주장하기에는 무리로 보였다. 다만 해당 보험설계사는 자기 고객에게 영조물배상책임보험으로 손해배상을 받을 수 있고, 가입되어 있는 개인보험 후유장해 담보에서도 후유장해보험금을 받을 수 있다고 한 뒤 둘 중 어느 것도 해결되지 않아 급하게 손해사정사를 찾은 것이다.

사람들은 보험설계사가 후유장해보험금도 받아 줄 수 있다고 생각한다. 실제로 경미한 사고는 보험설계사들이 도와줘서 보험사로부터 보험금을 받은 사람들도 많이 있다. 하지만 누구나 해결해 줄 수 있다고 하면 손해사정사는 존재하지 않을 것이고, 어려운 손해사정사 시험에서 합격하려고 도전하지도 않을 것이다.

또한 사람들은 모든 의사가 후유장해진단서를 발급해 줄 수 있다고 생각한다. 그러나 현실적으로 내가 수술을 받았거나, 치료를 받은 주치의에게 후유장해진단서를 발급받으려면 의외로 발급을 안 해주거나 어떻게 발급을 해야 할지 모르는 의사가 많다.

대형병원 의사라고 해서 또는 중형병원 병원장이라고 해서 모두가 발급할 줄 아는 것은 아니다. 실제로 서울 소재 ○○대학병원 신경과에서 맥브라이드 후유장해진단서를 발급받으려고 했으나 어떻게 발급하는지 모른다며 거절했다. 이쯤 되면 손해배상 받기도 어려워진다. 후유장해진단서를 보험회사에 제출해야 손해배상금을 받을 수 있기 때문이다. 이러한 과정을 피해자 또는 피보험자가 혼자서 진행할 수 있는지는 미지수다.

사례1. 교통사고로 엄지발가락 부전강직

오토바이를 타고 가다 개인택시에 부딪치는 사고를 당해서 엄지발가락을 다쳤다. 향후 2~3년 내에 외상성 관절염이 발생할 것이 거의 확실한 경우인데 해당 병원장은 수술을 해주지 않았다.

그 이유는 치과 치료 중 하나인 임플란트와 같은 경우라며 다음과 같이 설명하였다고 한다. 웬만하면 본인 치아가 좋으니 될 수 있으면 치아도 보존적인 치료를 하는 것이 좋고 임플란트는 제일 마지막에 선택하는 것처럼, 발가락도 어차피 향후 2~3년 후에는 수술을 해야 하지만 현재는 아프고 불편해도 수술보다는 그냥 그대로 사는 게 좋다는 게 의사의 소견이라는 것이었다.

고객은 의사가 수술을 안 해주니 아픈 채로 일상생활을 하고 있고, 보험사에서는 수술을 하지 않았기 때문에 보상금에 대한 이견이 좁혀질 수 없었다. 이에 의사의 소견서를 제출했지만 결국 동시감정을 갈 수밖에 없는 상황이 되었다.

여기서 얘기하고 싶은 것은 해당 병원장이 고객에게 유리하게 후유장해진단서를 발급해 줬다며 고객이 제출한 후유장해 진단을 받아 보니 다소 당황스러웠다는 점이다. 해당 후유장해 진단의 내용과 고객의 장해 내용이 맞지 않았던 것이다. 어떤 자료를 근거로 후유장해 진단을 내렸는지 의아할 뿐이다.

진 단 서

원본대조필 인

등록번호 0[illegible]

연 번 호 2022 - [illegible]

환자의 성명	[illegible]	환자의 주민등록번호	[illegible]
환자의 주소	서울특별시 [illegible] (전화번호: [illegible])		
병 명 ☐임상적 추정 ☒최종 진단	우측 엄지발가락 원위지골 관절내 분쇄골절 및 근위지골 골-연골 골절, 폐쇄성. — 이하여백 —	질병분류기호 S9240.	
발병 연월일	2021 년 11 월 01 일	진단 연월일	년 월 일
치료 내용 및 향후 치료에 대한 소견	상기환자는 상기 병명으로 본원에서 2021년 11월 03일 관혈적 정복술 및 금속 내고정술을 받은 환자로 현재 방사선 소견상 관절면 불규칙 소견 보이는바 추후 외상 후 관절염 진행될 가능성 높음. 관절염 진행시 관절 고정술을 요 할 수 있음. 현재 보이는 장해는 영구 장해로 관절 고정술 또한 영구 장해로 남을것임.		
입원·퇴원 연월일	입원일: 2021 년 11 월 01 일부터	퇴원일: 2021 년 11 월 17 일	
용 도	단, 합병증 및 이발현증 발견시에는 진단명 추가 및 진단기간이 변경될 수 있음. 타과 진단은 별도임.		
비 고	기타 제출용		

【의료법】 제17조 및 같은 법 시행규칙 제9조제1항에 따라 위와 같이 진단합니다.

후유 장애 진단서

환자의 성명		성별		생년월일		연령	
환자의 주소	서울특별시						
수 상 일	2021년 11월 01일	초진일	2021년 11월 01일	장해진단일	2022년 08월 04일		

주요치료결과, 현증및기왕증, 주요검사소견 등

QF:45도 / PF:25도

QF:10도 / PF:0도

상해사고나 질병사고가 발생했을 때 처음부터 손해사정사와 상담을 하고 진행하는 것이 가장 빠르고 간단한 방법이다.

처음부터 위임을 하나, 본인이 해 볼 것 다 해 보고 마지막에 위임을 하나 손해사정사의 보수는 같다. 본인이 혼자서 많이 진행했다고 해서 보수가 달라지지 않는다. 결국 본인이 해결을 못 해서 손해사정사에게 의뢰를 하는 거니까. 손해사정사는 처음부터 다시 검토해야 하니 보수를 깎아 줄 수 없다.

• 보험금을 '잘' 받는 법이 있을까

질문의 정답은 손해사정사에게 위임하는 것이다. 보험금을 청구했을 때 보험사와 분쟁이 발생하지 않는 경우에 해당하면 보험금을 잘 받는다.

그 외에 보험금을 잘 받는 방법은 어떤 게 있을까? 보험사 보상과 직원을 안다? 보험사 사장을 안다? 틀렸다.

그럼 후유장해를 판단하는 의사는 어떨까? 의사라면 본인의 보험금을 잘 청구해서 받을 수 있을까? 이 역시 틀렸다.

의사도 손해사정사에게 의뢰한다. 의사는 치료에 전념하는 전문가이지 보험금을 지급하는 전문가가 아니다. 의사는 환자가 받는 보험금에 관심이 없다. 오로지 내 환자의 수술이 잘 되었는지, 환자가 잘 치유되는지, 후유증은 없는지 등에만 관심이 있을 수밖에 없다.

처음부터 손해사정사에게 위임하면 손해사정사의 도움을 받아 최종 보험금을 받을 때까지 외롭게 혼자 싸우지 않고 좋은 결과를 얻을 수 있다.

손해사정사에게 협조하라

질병사고 보험금을 보험사에 청구하기 전에 손해사정사와 상담을 하고 청구 전에 검토를 받아야 한다. 손해사정사는 고객이 가입한 보험증권과 해당 질병사고에 관련된 의무기록지, 영상 CD와 판독지 등을 검토한 다음 보험사에 고객이 직접 청구해도 무리 없이 받을 수 있는 보험금의 경우 직접 청구하시라고 안내한다.

그러나 고객이 직접 보험금 청구서 외에 구비서류를 제출했을 때 보험사로부터 분쟁이 예견되는 경우에는 손해사정사에게 위임하시라고 안내한다. 그 이유는 보험금 청구 전부터 서류 준비를 잘해서 진행하면 큰 문제 없이 보험금을 받을 수 있는 있는데, 준비 없이 보험금을 청구해 버리고 나면 차후에 보험사의 결과를 뒤집는 것이 너무나 힘들기 때문이다. 이때는 보수도 올라갈 수밖에 없다. 물론 해결하는 데 시간도 많이 걸린다.

고객은 손해사정사와 한 팀이다. 손해사정사 혼자 노력해봐야 아무 소용이 없다. 고객은 조언해 주는 대로 잘 따라야 한다. 왜냐하면 손해사정사는 의뢰인이 보험금을 잘 받도록 조력할 의무가 있고 그것이 존재 이유이기 때문이다.

• 보험에 가입할 때부터 손해사정사와 상담하자

손해사정사와 보험 가입이 무슨 상관이 있을까? 라는 반응이 일반적일 것이다.

물론 때로는 손해사정사가 보험설계사라고 알고 있는 사람들도 많이 있다. 그 이유는 바로 보험이라는 대표적인 공통점이 있기 때문이다. 현장에서 손해사정사가 하는 분야에 대해서 설명을 하면 대부분의 반응은 손해사정사를 보험설계사로 오해한다.

업무 영역이 다릅니다. 저희는 손해사정을 할 뿐 보험 영업을 하는 것은 아닙니다. 그러면 또 대부분의 반응은 손해사정사가 뭐예요? 손해사정사를 아는 사람들은 보험업 종사자이거나 교통사고나 산재사고 등 각종 사고를 당해서 보상 및 배상을 받아 본 사람들이다. 그러한 경험이 없는 사람들은 손해사정사를 알지 못한다. 과거부터 현재까지 손해사정사를 모르는 사람들의 반응은 대동소이하다.

그러나 최근 손해사정사들이 보험설계 업무를 시작하고 있다. 대표적인 이유는 크게 2가지이다. 첫 번째는 업무상 또는 일상생활 중 상해사고 또는 질병사고를 당한 후, 가입한 개인보험으로 보상을 받기 위해 자신의 보험사에 보험금을 청구하는 과정에서 어려움을 느끼고 손해사정사를 통하여 보상을 받은 경우이다. 이때 보험가입금액이 적어 낮은 보상금을 받게 된다는 사실을 알고 나면 손해사정사에게 보험을 가입하고 싶다고 의뢰하기도 한다.

또 다른 경우는 손해사정사가 대한민국 내 모든 보험사를 상대로 손해사정 업무를 할 때 동일한 후유장해에 대하여 보험사별로 달라지는 보험금을 확인하게 되는데, 이런 경우 어느 보험사가 고객을 위해 해당 보험금을 제대로 지급하는지 알려 줄 수 있기 때문이다.

나도 내가 예전에 가입한 개인보험을 살펴보면 내가 왜 이 보험사에 가입했을까 하고 한숨을 쉰 적이 있다.

그렇다면 손해사정사가 보험을 설계할 시 어떤 시너지 효과가 있을까? 상해 후유장해 담보, 질병 후유장해 담보, 각종 진단비 등을 보험사별로 비교하여 보험상품 설계를 할 때 실질적인 도움을 줄 수 있다.

사례 1.

나에게 근재보험 손해사정을 의뢰한 고객은 상해보험가입금액 담보가 1천만 원이다. 의뢰인의 보험약관상 해당 장해는 장해 지급률 10%에 해당하였다. 만일 상해 후유장해 가입금액이 1억 원이었다면 1천만 원의 후유장해 보험금을 받을 수 있었다.

그러나 보험가입금액이 1천만 원이었기 때문에 보험금으로 1백만 원을 지급받았다. 그 당시 나는 보험 가입을 추가로 하셔야 한다고 강조했다. 그러나 현실적으로 보험료를 추가로 납입할 경제적인 여유가 없어서 가입을 못 한다는 답변을 받았을 때 안타까웠다.

그런데 몇 개월 후 다시 연락이 왔다. 이번엔 교통사고를 당하였다는 것이다. 후미추돌사고로 가해자 과실 100% 사고였으며, 사고 이후 허리가 아파서 병원에 입원하고, 개인보험 상해 후유장해보험금을 받으려고 하였으나 여전히 가입금액은 1천만 원이다.

후유장해진단서를 발급받아서 후유장해보험금을 받는 것은 실익이 없기 때문에 청구하지 않기로 하였다. 그래서 나는 다시 똑같은 말을 했다. 추가로 보험 가입을 하셔야 합니다. 한 가정의 가장으로서 가족들을 생각하셔야 한다고 추가로 보험 가입하실 때 연락 달라고 했다. 최소 피해야 할 보험사는 알려 주고 싶었다.

사례 2.

과거에는 질병이 있으면 개인보험 가입하기가 굉장히 까다로웠다. 그러나 지금은 간편보험, 초간편보험 같은 유병자보험이 많이 나오기 때문에 질병이 있는 사람들도 보험에 가입하기가 수월해졌다.

최근 의뢰받은 사례는 초간편보험에 가입한 고객이다. 한시적으로 나온 초간편보험 상품이 너무 좋아서 가입을 했는데 간편보험을 가입하기 전 갑상선암 의증 진단을 받았다. 그리고 보험 가입 후 몇 개월이 지나서 갑상선암 확정진단을 받고 수술을 했다. 하지만 갑상선암 진단금 청구를 바로 하지 않고 3년이 지나서 청구를 했다. 이에 바로 보험사의 현장조사가 떴다.

그러자 겁이 덜컥 난 고객에게서 상담이 들어왔다. 보험증권과 시기별 병원 진료 내용에 대해서 간략히 적어서 보내 달라고 했다. 고객에게는 세 가지 예상 결과를 안내했다. 보험금 지급, 보험금 부지급 및 보험계약 해지, 또는 소멸시효로 인한 보험금 부지급이다.

이후 1차병원과 3차병원의 진료기록 일체를 발급받고, 손해사정 업무를 진행했다. 결과는 어떻게 됐을까? 혼자 끙끙 앓지 말고 처음부터 손해사정사와 상담하자.

[인사이트] 의뢰인들의 특성(황수정 손해사정사)

상해사고이든 질병사고이든 보험사고가 발생하면 여러 유형의 의뢰인들이 있다.

1. 의심형

모든 이들을 의심하는 유형이다. 보험사 직원이든 보험사고 의뢰를 맡긴 독립손해사정사든 가리지 않고 의심한다. 보험사 직원이 상처 부위를 사진 찍어서 보내 달라고 해도 묵묵부답, 흉터 부위를 자로 잰 다음 사진을 찍어서 보내 달라고 해도 이유가 뭐냐며 불신한다. 보험사도 최소한 진단서, 흉터 사진 등이 있어야 손해액을 평가하는데 말이다. 물론, 보험사가 이러한 대접을 받는 데는 나름의 이유가 있을 것이다. 고객들로부터 오랜 기간 신뢰를 잃었기 때문이 아닐까.

이런 의심형의 의뢰인들은 본인이 의뢰를 맡긴 독립손해사정사도 의심한다. 아이러니하다. 독립손해사정사는 자기 의뢰인을 위해서 일을 하는 사람들임을 잊지 않았으면 한다.

2. 방임형

독립손해사정사에게 손해사정을 맡기면 모든 것을 다 해 주리라 믿는 유형이다. 손해액 산정이든 보험금 산정이든 의뢰인의 협조가 필수다. 손해사정사도 따로 준비할 자료가 많고, 이외에 필요한 서류들은 의뢰인이 제때 제출해 주어야 하는데 바로바로 주는 경우가 많지 않다. 힘들고 어렵게 보험사랑 싸우는데 받을 금액만 중요하고 다른 건 나 몰라라 하는 유형이다.

제발 협조해 주었으면 한다. 의뢰인과 독립손해사정사는 한 팀이다.

3. 먹튀형

의뢰인이 보험금을 보험사로부터 받은 후 연락이 끊긴다. 전화해도 받지 않고, 문자를 보내도 답변이 없다. 보험금 수령 전까지는 연락이 잘됐다. 독립손해사정사들은 보험금을 받을 때까지 계속 연락한다. 그러나 그 과정에서 피가 마른다. 보험금을 받으면 보수는 바로 보내 줘야 한다. 우리도 먹고 살아야 하기 때문이다.

4. 소개형

가장 바람직한 유형이다. 물론 의뢰인이 결과에 만족했다는 결과로 볼 수 있다. 비록 금액은 의뢰인이 원하는 대로 받은 것은 아니지만, 진행 과정에 대해서 이해를 하고 보험사로부터 받은 금액이 최선임을 이해해 주는 최고의 의뢰인이다.

5. 적극형

이 유형의 의뢰인은 너무 적극적이다. 심지어 본인이 보험사 직원과 직접 통화한다. 그러면 독립손해사정사에게 왜 맡겼을까? 보험사 직원도 독립손해사정사도 당황한다. 의뢰했으면 끝까지 독립손해사정사를 믿고 나서지 말자. 의뢰인이 나설 때는 따로 있다는 것도 명심하자.

6. 불만형

처음부터 말이 너무 많고 불만이 많다. 이미 다른 독립손해사정사와 계약을 파기하고 다시 의뢰를 하는 경우다. 이때 독립손해사정사는 조심해야 한다. 나하고 또 계약을 파기할 수 있으니까.

7. 황당형

위임계약을 한 다음부터 돈을 빌려 달란다. 가지급금을 이미 받아서 더는 보험사로부터 못받는데. 황당하다. 착수금도 안 받고 일하는데 돈을 빌려 달라니 안 빌려주니 의뢰인이 계약을 바로 파기했다. 정말 황당하다.

사고라는 것은 어느 누구에게도 예고되지 않고 발생하며, 바로 내가 그 사고의 주인공이 될 수 있다.

상해사고든 질병사고든 일생에 단 한 번도 발생할 것 같지 않은 일이 나에게 생길 경우, 모두 어떻게 해야 할지 몰라 무척이나 당황한다. 사고에 대처하는 방법을 알거나 사고를 겪은 일부 사람들을 제외하면, 대부분 사고 수습 과정에서 실수를 하거나 잘못된 선택을 하게 된다. 사고는 내가 아닌 다른 사람에게 발생하는 일이라고 생각하며 무관심한 사람들이 대부분이기 때문이다.

내가 당한 사고가 상해사고에 해당하는지 질병사고에 해당하는지 또는 업무상 재해인지 업무상 질병인지 헷갈릴 때가 많다. 또한 내 과실 100%일 것 같은 사고도 많다. 그러므로 사고 발생 전후 일련의 과정을 꼼꼼히 조사해야 한다. 즉, 전문가의 판단이 필요하다. 사고 관련 증거와 목격자 등 초기에 조사 및 확보가 필요한 사항을 놓치지 말고 사고 초기부터 전문가를 선임하자!

보험회사 편이 아닌 고객의 편에서 고객 여러분의 정당한 권익을 보호하기 위해 일하고 있다. 법무법인 우일에서 보험금 부지급, 산재사고로 인한 근재보험, 개인보험(질병, 상해, 사망, 자살 등), 진단금(암, 뇌졸중, 급성심근경색증 등), 후유장해 보험금, 교통사고, 각종 배상책임 등의 보상과 배상업무를 담당하였고, 현재 금융감독원에 정식 등록되어 활동하는 독립 손해사정사로서 관악구에 소재하고 있는 이웃손해사정의 대표 손해사정사로 일하고 있으며 최선을 다해 고객분들을 도와드리고 있다.

제2장

손해사정 절차는 어떻게 될까

• 손해사정사 업무 처리 절차

손해사정은 보험소비자가 보험금을 받기 전에 질병이나 사고의 수준보험약관과 보험계약과 관련한 법규(상법, 민법, 보험업법 등) 적용의 적정성을 판단하여 실제손해액, 배상손해액 및 보험금을 결정하는 업무를 말한다.

일반적으로 보험금 지급 결정은 서류심사(3영업일 내 신속지급)만으로 대부분 이루어지나, 서류심사만으로 보험금 지급 여부를 판단하기 어려울 경우, 손해사정사가 손해사정 업무를 실시한다.

손해사정은 → 손해발생 사실 확인 → 손해액 및 보험금 산정 → 손해사정서 작성 → 보험사에 대한 의견 진술 등의 순서로 진행된다.

선임 주체 및 수행방식에 따라 고용위탁손해사정사가 손해사정을 실시하는 경우와 독립손해사정사가 손해사정을 실시하는 경우로 구분된다. 손해사정 절차를 이해하려면 손해사정사의 분류와 업무에 대한 이해가 필요하다. 손해사정사는 업무 형태에 따라 보험회사 소속과 보험소비자 입장에서 일하는 두 축으로 구분할 수 있다.

고용 손해사정사와 위탁 손해사정사는 보험회사를 위해 일한다. 고용 손해사정사는 보험회사에 고용되어 보험회사를 위하여 손해사정 업무를 진행한다. 위탁 손해사정사는 외부 손해사정법인(자회사 또는 非자회사)에 고용되어 보험회사의 손해사정 사건을 위임받아 손해사정 업무를 처리한다. 둘다 보험사로부터 일감을 받기 때문에 보험사에 유리한 결과를 도출할 가능성이 높다.

독립손해사정사는 보험사와 별도로 보험계약자, 피보험자 등 이해관계자가 직접 손해사정사를 선임하여 손해사정 업무를 수행한다.

실제로 손해사정이 어떻게 이루어지는지 살짝 엿보면서 단계별로 의뢰인이 알고 있으면 혹은 준비하면 좋을 사항에 대해서 살펴보자. 다음은 일반적인 손해사정 업무 처리 절차를 순서대로 나열한 것이다. 이 절차를 거치는 데 통상 30영업일 정도 소요된다. 사안에 따라 처리 기간이 더 늘어나기도 한다.

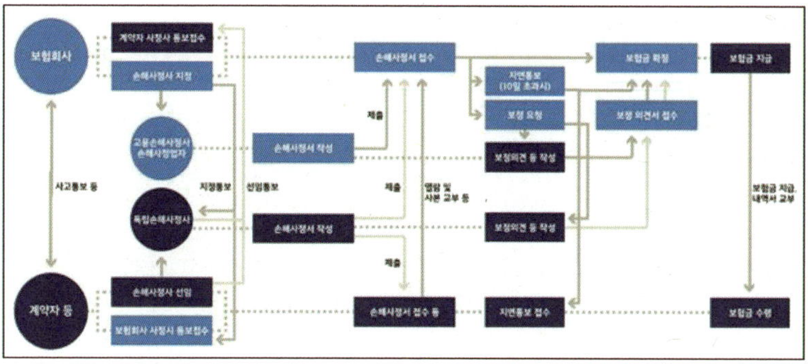

상담 : 핵심 정보를 제공하다

손해사정 의뢰를 받기 위해서 해당 건에 대해 간략한 상담을 진행한다. 이때 의뢰인은 손해사정사에게 핵심 정보를 제공하면 된다. 아래의 대화를 보고 그 핵심 정보가 무엇인지 유추해 보자.

대화 1

의뢰인1 : 보험금을 얼마나 받을 수 있을지 알려 주세요.

손해사정사 : 사고 경위가 어떻게 되세요?

의뢰인1 : 사실 제가 다친 건 아니고 제 이모가 무단횡단을 하다가 택시에 치여서 병원에서 치료받고 있어요. 친구가 000 설계사인데 손해사정사님 전화번호를 주셨어요.

손해사정사 : 진단명이 어떻게 되세요?

의뢰인1 : 네?

손해사정사 : 어디 다치셨어요? 골절되셨나요? 음 수술은 하셨나요?

의뢰인1 : 아 가만 있자, 제 이모가 잠깐만요

손해사정사 : 보험 접수는 되셨나요? 과실은요? 보험사 담당자 연락처 있으세요?

의뢰인1 : 아 곧 알려드릴게요.

손해사정사 : 확인하시고 다시 연락주세요. 손해를 파악하려면 가장 중요한 부분이 영상CD, 병원 의무기록지 확인이거든요. 우선 골절 여부 확인 필요하고 골절되었다고 하더라도 부위에 따라서 손해사정이 어려운 부위도 있습니다. 손해사정 가능 여부, 향후 치료비 추정, 최종 합의 시기, 손해액을 대략적으로 산출하려면 영상CD, 의무기록지가 중요합니다. 전화 종료 후 문자로 필요 서류 안내드리겠습니다.

의뢰인1 : 네.

대화 2

의뢰인2 : 안녕하세요. 블로그를 검색하던 중 손해사정 무료상담이 가능하다고 하여 연락드렸습니다.

손해사정사 : 네, 사고 경위가 어떻게 되세요?

의뢰인2 : 네, 저희 어머니가 0월 0일 00역 부근에서 무단횡단을 하시다가 택시에 치이는 사고를 당하셨고요. 새벽 5시 반이었고 저희 어머니는 밝은 분홍색 옷을 입고 계셨습니다. 사고가 발생한 지점은 왕복 6차선 도로에서 왕복 2차선 임시도로로 접어드는 구간이었습니다. 100미터 떨어진 곳에 양방향으로 터널이 있었고 택시가 터널을 빠져오자마자 저희 어머니를 충격하였습니다.

손해사정사 : 블랙박스 영상 확보 가능하실까요?

의뢰인2 : 네, 전화 종료 후 보내드리겠습니다.

손해사정사 : 택시공제에 접수는 하셨어요?

의뢰인2 : 네.

손해사정사 : 택시공제 담당자와는 연락해 보셨나요? 과실에 대해서 이야기 들으신 게 있으세요?

의뢰인2 : 안 그래도 어제 택시공제 담당자가 전화 줬는데 과실 50 - 60% 이야기를 하더라구요.

손해사정사 : 정확한 것은 저도 블랙박스도 확인해 봐야겠지만 지금 들은 바로 판단했을 때는 과실 50% 이상은 과한 것 같네요. 혹시 진단명은 어떻게 되시나요? 병원에서 발급받은 의무기록지가 있으실까요?

의뢰인2 : 아, 잠깐만요 제가 진단서를 확인했는데요. 우선, 진단서상에는 비골골절 동반한 경골 몸통의 개방성 골절이라고 적혀있습니다.

손해사정사 : 개방성 골절이니 수술하셨을 것 같네요. 수술기록지 등 추가로 필요한 의무기록지, 영상CD 요청드리겠습니다. 문자로 안내드리겠습니다. 택시공제 담당자 연락처도 주시면 연락드려볼게요. 감사합니다.

의뢰인2 : 네.

대화 3

의뢰인3 : 안녕하세요. 블로그를 검색하던 중 손해사정 무료상담이 가능하다고 하여 연락드렸습니다.

손해사정사 : 네, 사고 경위가 어떻게 되세요?

의뢰인3 : 갑상선암, 갑상선 전이암 보험금 관련 문의입니다.

손해사정사 : 네, 일반암 보험금 청구 건 때문에 연락 주셨나요?

의뢰인3 : 네, 00보험회사로 일반암 보험금 청구했는데 소액암 진단비만 나왔어요.

손해사정사 : 보험회사로부터 보험금 부지급 사유에 대해서 안내받으신 것 있으세요?

의뢰인3 : 네, 보험금 지급내역서와 보험금 부지급 안내문 받았습니다.

손해사정사 : 네, 보험 가입 시기도 확인이 필요합니다. 보험금 지급내역서와 보험금 부지급 사유뿐 아니라 추가적으로 보험증권, 의무기록지 등 필요 서류 함께 보내 주시면 검토 후 연락드리겠습니다. 필요 서류는 문자로 안내드리겠습니다.

의뢰인3 : 네.

이 세 대화는 나에게 손해사정을 의뢰한 의뢰인들과의 대화로, 패턴이 비슷하다는 것을 알 수 있다. (대화 내용은 간추려 표현했다.) 자, 손해사정을 의뢰할 때 손해사정사에게 알려야 할 핵심 정보는 무엇일까?

바로 (1) 진단명 (2) 사고경위 (3) 보험금 청구 여부 또는 보험 접수 진행 상황 등이다. 손해사정의 제1단계는 손해사정이 가능한지 여부를 먼저 가늠해 보는 상담이다. 이후 손해사정 계약을 하면 손해사정사는 손해사정서를 작성하여 보험회사로 송부하고, 여러 분쟁 절차를 통해 보험회사로부터 손해사정금액을 지급받으면 의뢰인은 미리 안내받은 수수료를 입금하면 된다.

손해사정사에게 손해사정을 의뢰해야 하는 상황이라면 어떤 식으로 말하면 좋을까?

손해사정을 모르는 의뢰인이라면 대화1에서처럼 통화가 이뤄지는 경우가 대부분이다. 대화2와 대화3의 통화 내용처럼 의뢰인이 핵심 정보를 제공한다면, 손해사정사가 손해액을 파악하기에 좀 더 수월하다.

일단 진단명과 사고경위를 먼저 밝힌다. 두 번째로 보험 접수 상황을 공유한다. 세 번째로 의무기록지(공통), 영상 CD(상해사고, 뇌혈관질환, 허혈성 심장질환 등), 병리조직검사결과지(암 등) 등을 제공한다. 네 번째로 손해사정사는 제반 서류를 검토 후 손해사정 가능 여부를 밝히고 의뢰인에게 손해사정 진행 의사가 있다면 수수료에 대해 협상한다.

이렇게 기본 정보들을 말해 주고 손해사정사 요청사항에 협조하는 것이 의뢰인이 원하는 손해사정 서비스를 빠르고 효율적으로 받아 볼 수 있는 대화법이자 방법이다.

<대화 예시>

1. 제 진단명은 ○○○입니다. ○○○수술을 받았습니다.
2. 사고경위는 다음과 같습니다. ~
3. 보험접수는 ~ 단계까지 진행되었습니다.
4. 의무기록지, 영상CD를 제공해드리겠습니다.
5. 수수료가 궁금합니다.
6. 계약을 진행하고 싶습니다. 또는 ~ 이유로 계약 진행을 포기하겠습니다.

• 수수료 납부 : 수수료를 잘 알고 시작하자

손해사정을 의뢰하고 싶은 사람들이 손해사정사를 선임할 때 수수료에 대해 물어보기를 조심스러워한다. 하지만 수수료는 중요한 부분이고 소비자의 알 권리이기도 하다. 손해사정사의 평균적인 서비스 수수료 수준을 알면 손해사정 서비스를 이용하는 데 도움이 될까 싶어서 적어 본다.

손해사정사는 보통 손해사정 절차가 마무리된 후 성공보수 형식으로 수수료를 받는다. 착수금(어떤 일을 시작할 때 먼저 내는 돈)을 요구하는 경우는 대체로 없다. 다만, 장거리 출장 등과 같은 경우에는 출장비 형식으로 요청하거나 질병 사건의 경우에 의료자문 목적으로 의료자문 비용을 요청하는 경우가 더러 있다.

손해사정사들의 수수료는 얼마가 적당한가?

손해사정사 수수료를 알아내기 위해서는 발품을 팔아야 한다. 보험업법을 포함한 관련 법규에서 정해진 것이 없기 때문이다. 업계에서 통용되는 룰은 있지만, 정확한 수수료는 개별적으로 손해사정사 사무소에 문의해 봐야 알 수 있다.

손해사정사가 처리하는 업무를 크게 교통사고, 개인사고, 근로자재해보험, 책임보험, 진단금(암 등 질병) 등으로 구분할 수 있다. 사고의 난이도와 내용에 따라 최종 수령하는 손해사정금액의 10 ~ 30% 정도를 수수료로 받는다. 면책건은 5 ~ 10% 더 받는다. 사건을 풀기가 어려운 경우에도 수수료율이 올라간다. 손해사정 예상 금액이 적을 경우에는 최저 수수료를 책정하기도 한다.

손해사정사의 수수료를 법률로 규제하면 어떨까?

상황적으로 쉽지 않다. 새내기 손해사정사들은 시장에 막 뛰어들었을 때 의뢰인 확보가 어렵기 때문에 낮은 수수료율에 수임하는 경우도 있다. 영업력이 다소 떨어지는 손해사정사들에게는 일률적인 수수료 규제가 오히려 불편할 수 있다는 이야기다.

또한 손해사정사는 보험사측 손해사정사와 독립손해사정사로 구별된다. 보험사측 손해사정사 중에서 고용손해사정사는 보험회사로부터 월급을 받기 때문에 언급에서 제외하겠다. 위탁손해사정사들은 일반적으로 보험회사로부터 사건당 수수료를 지급받는다. 난이도가 높은 건이라 할지라도 50만 원을 넘는 경우가 흔하지 않다. 수수료를 법제화하게 되면 독립손해사정사 수수료 시세를 감안하여 결정해야 할 것이므로 위탁손해사정사의 수수료율도 조정될 가능성이 높다.

10년 만에 가장 높은 상승률로 물가가 오르며 금리까지 함께 올라 서민 부담이 커진 상황에서 보험수요의 회복세를 기대하기 어려운 요즘이다. 반면에 인터넷을 통한 정보 공유가 확대되면서 보험상품 및 가격 정보에 대한 소비자의 접근성은 크게 증가하였다. 보험회사의 가격 경쟁 및 서비스 경쟁이 심화될 것으로 예상되는 시점에서 위탁손해사정사의 수수료율까지 올려야 한다면 보험회사의 입장에서는 부담스러운 일이 아닐 수 없다. 보험회사의 반대로 손해사정사 수수료 규제 사안은 무산될 가능성이 높다.

마지막으로 사건마다 난이도가 다르다. 손해사정사와 같은 전문자격사들은 사건의 난이도에 따라 높은 수수료를 받는다. 업무 수행 난이도는 누가 판단할 수 있을까? 손해사정사가 다년간의 사건 해결 경험을 바탕으로 판단할 수 있는 것이다. 이렇듯 다양한 이유로 수수료는 정액화되기 어렵다.

• 손해사정 업무 영역

손해사정사는 업무 범위에 따라 재물손해사정사와 차량손해사정사, 신체손해사정사로 나뉠 수 있으며, 이를 모두 취득하면 종합손해사정사로 활동할 수 있다.

재물손해사정사는 화재, 특종, 일반배상(대물) 및 해난, 항공사고의 손해사정 업무를 수행한다. 차량손해사정사는 자동차보험의 차량, 대물 관련 손해사정 업무를 수행한다.

마지막으로 신체손해사정사는 일반배상의 대인배상과 자동차보험의 자기 신체 및 대인, 그 외 생명보험, 간병보험, 제3보험(개인보험)의 손해사정 업무 등 신체와 관련한 모든 보험사고의 손해사정을 수행할 수 있다.

신체에 대한 사고가 압도적으로 많기 때문에 일반적으로 사고가 발생하면 신체손해사정사를 접할 기회가 더 많을 것이다. 따라서 신체손해사정사가 어떤 업무를 수행하는지에 대해 좀 더 적어 보고자 한다.

1. 교통사고 :

교통사고로 인하여 사람이 죽거나 다친 경우, 과실 비율, 후유장해 기간 및 장해율 적정성 판정, 기왕증의 기여도, 피해자의 소득 등을 파악하여 피해자의 법률상 손해배상액 및 보험금을 사정하는 업무를 한다.

2. 일반배상책임사고 :

배상책임보험에 가입한 개인이나 사업주 등의 잘못으로 인하여 제3자가 신체상의 피해를 입은 경우에는 제3자(피해자)에 대한 법률상 손해배상액 및 보험금을 사정한다. 예를 들어 마트나 식당 등에서 물기 또는 이물질을 밟고 넘어지면서 다친 경우, 시설 등이 고의, 과실로 인한 주의 의무를 위반한 사실이 있다면 피해자에게 발생한 손해액 및 보험금을 사정하는 것이다.

3. 근로 중 사고 :

근로자가 사업주, 동료 근로자 등의 과실로 인하여 근로 중 사고(산재사고)가 발생한 경우에는 근로자가 배상받아야 할 손해액이 산재보험에서 보상받는 급여액을 초과하는 경우 그 초과 손해액을 사정한다.

4. 제3보험(개인보험)사고 :

상해, 질병, 간병보험에 대한 보험금을 사정한다. 주로 개인보험 암, 뇌혈관실환, 심상실환 신난비 분생 선을 해결한다. 예를 들면 피보험자가 암, 뇌졸중, 급성심근경색증, 치매 등 특정 질병으로 진단을 받았을 경우 약관상 면부책을 판단하기도 하고 각종 사고가 발생했을 때 약관상 면부책 판단, 기왕증 기여도 확인 및 개인보험 상해, 질병 후유장해 지급률의 적정성을 판단하기도 한다.

원인 미상 사망사고 건에서 발생할 수 있는 상해사망, 재해사망 분쟁도 처리한다. 또한 고지의무 위반으로 인한 계약 해지 또는 보험금 부지급 문제가 발생했을 때 고지의무 위반 여부를 판단하기도 한다. 그뿐만 아니라 계약 후 알릴 의무 위반으로 인한 보험금 삭감 지급 분쟁 업무도 처리한다. 마지막으로 수술비, 입원일당 분쟁 업무도 처리한다.

큰 틀에서 나와 같은 신체손해사정사가 하는 업무 영역에 대해서 적어 보았다. 교통사고, 근로 중 사고 등은 배상책임사고에 해당하며, 제3보험사고는 인보험 사고에 해당한다. 이뿐만 아니라 손해사정사가 처리하는 보험사고는 방대하고 다양하다. 따라서 짧은 페이지에 신체손해사정사가 수행하는 모든 업무를 일일이 나열하기가 어렵다.

• 사고조사 : 의뢰인이 알면 도움되는 꿀팁

계약자 또는 피보험자가 보험금을 청구하면 보험회사에서는 보상 담당자가 계약일 확인, 청구 질환 확인, 청구 해당 담보 확인, 차트 확인, 과거 병력 확인 단계 등을 거쳐서 현장조사 필요 여부를 판단한다.

현장조사가 필요하다고 판단 시에 보험회사에서는 보험회사 소속 고용손해사정사 또는 위탁손해사정법인 직원(이하 현장심사자로 통일)에 청구 건을 의뢰한다. 현장심사자는 보험회사 담당자가 요구하는 부분에 대해 고객을 만나 현장조사를 진행한다.

청구 유형별로 진행방식이 다르긴 하나, 현장심사자가 피보험자를 만나 면담을 진행하며, 심사 진행을 위해 진료기록 열람을 위한 동의서위임장, 개인정보제공동의서, 보험금 지연 안내장, 의료자문 동의서 등 서류에 대해 고객에게 서명을 요구할 것이다.

진료기록 열람을 위한 동의서위임장, 개인정보제공동의서는 반드시 동의해야 현장심사자가 현장조사를 진행할 수 있고, 의료자문의 경우에는 원하지 않을 경우 비동의해도 된다. 사실 독립손해사정사를 선임하여 진행할 경우, 상해 건은 장해율 협의를 위해 의료자문에 동의해도 무방하나, 질병 건일 경우, 의료자문에 동의하면 심사 결과가 불리하게 나올 수 있어 권장하지 않는다.

현장심사자는 각종 진단금 관련 진단명에 대한 적정성 확인, 사고 내용 확인, 가입 전 과거 병력 확인, 가입 후 통지 의무 위반 확인(직업 확인 등), 치료 목적이 맞는지와 관련하여 치료에 대한 적정성 확인, 입원 기간의 적정성 확인, 주치의 진료소견서 발급, 관공서 관련 서류 확인 등 업무를 시행한다.

사망사고 시 보험사기 등 분쟁이 될 만한 사안이 있을 경우, 유족들을 상대로 현장조사를 실시한다. 그뿐만 아니라 사망할 당시 현장조사, 부검 소견, 법의학자 소견, 망인의 건강보험공단 자료, 경찰조사 서류, 국립과학수사연구원 자료 등을 확인하며, 주변인으로부터 진술서도 받는다.

보험회사로부터 사건을 위임받아 수행하는 현장심사자들은 피보험자에게 공정한 손해사정을 진행하고 있다고 이야기하지만, 사건 종결 후 보험사로부터 현장심사에 대한 수수료를 지급받기 때문에 조사 공정성에 의문이 제기될 수밖에 없다. 현장심사가 진행되는 동안 진행 사항을 보고받고 부당한 부분에 대해서는 이의제기를 할 줄도 알아야 한다.

손해사정사는 보험사와 별도로 의뢰인으로부터 사건을 수임하여 손해사정 업무를 진행하는 독립손해사정사, 보험사를 위해 일하는 고용위탁손해사정사로 구분된다고 이야기한 바 있다. 독립손해사정사와 고용위탁손해사정사 모두 사고 조사(주로 현장조사를 뜻하며, 현장심사, 현장실사라는 표현을 쓰기도 한다)를 실시하며, 조사 내용이 사건 유형별로 달라질 수는 있지만 독립손해사정사와 고용위탁손해사정사의 조사 내용은 비슷하다. 누구를 위해서 일하는지가 다를 뿐이다.

• 손해사정서 작성

손해사정사의 업무는 보험업법 제188조에 의해 아래와 같은 업무를 수행하게 된다.

① 손해발생 사실의 확인

② 보험약관 및 관계 법규 적용의 적정성 판단

③ 손해액 및 보험금의 사정

④ 제1호부터 제3호까지의 업무와 관련된 서류의 작성, 제출의 대행

⑤ 제1호부터 제3호까지의 업무와 관련된 보험회사에 대한 의견의 진술

손해사정서는 손해사정사가 업무를 수행하고 작성하는 문서다. '손해사정사는 손해사정서로 말한다'는 말이 업계에 있을 정도로 손해사정서는 보험금 분쟁을 해결하는 열쇠로 작용한다.

그렇다면 손해사정서에는 어떤 내용들이 기재될까? 보통은 아래와 같은 목차로 구성되지만, 업무 내용이나 쟁점 사항 등에 따라 달라질 수 있다.

1. 손해사정 요약 - 손해사정 근거, 손해배상금 사정 총액, 손해사정의견
2. 수임 및 보험계약 사항 - 손해사정업무의 수입계약사항, 위임자의 인적사항, 피해자의 인적사항, (교통사고의 경우) 사고차량의 보험계약 사항
3. 사고 및 손해발생의 조사, 확인한 사실 - 사고 조사에 따른 확인 사실, 손해 조사에 따른 확인 사실
4. 관계 법규 및 약관의 적용 판단 - 법률적 책임의 발생, 보험회사의 보상책임 발생, 직접청구권
5. 손해액 및 보험금 사정 기초 사실, 손해사정내역(법률상 손해액 기준, 보험약관 기준)
6. 손해사정 결과 의견
7. 증빙자료 및 관련 서

다음은 법령의 조항으로서 정해진 손해사정서 법적 효력에 대해 적어 보고자 한다. 손해사정서와 관련된 규정은 보험업감독규정(금융위원회 고시)에 적혀 있다. 의뢰인은 아래 내용들을 참고하면 손해사정서가 손해사정사와 의뢰인에게 어떤 의미인지, 손해사정사가 손해사정서를 작성하는 데 얼마나 공을 들여야 하는지 알 수 있을 것이다.

1. 손해사정서의
보험회사는 손해사정사가 제출하는 손해사정서의 접수를 거절하지 못한다. (「보험업감독규정」 제9 - 21조 제1항 전단).

다음에 해당되는 경우를 제외하고 보험회사는 손해사정서가 제출되지 않은 상태에서 보험계약자 등에게 보험금을 지급해서는 안 된다. (「보험업감독규정」 제9 - 21조 제1항 후단 및 제9 - 18조 제1항 단서).

- **소송이 제기된 경우**
- **보험계약자 등이 제출한 서류 심사만으로 지급심사가 완료되어 서류접수 완료일로부터 제3영업일 이내에 보험금이 지급되는 경우**

2. 손해사정서의 심사
보험회사는 손해사정사가 제출한 손해사정서를 접수한 경우 즉시 보험금을 심사지급해야 한다. (「보험업감독규정」 제9 - 21조 제2항 본문).

다만, 다음에 해당되어 보험금지급이 지연될 경우에는 손해사정서 접수일부터 10일 내에 그 사유를 보험계약자 등에게 통보해야 한다. (「보험업감독규정」 제9 - 21조 제2항 단서).

- 손해사정서의
다르거나 자체적으로 조사확인한 내용과 다른 것으로 판명된 경우
- 손해사정서의 내용이 관련 법규, 약관에 위반된 경우
- 보험계약자 등이 손해사정서의 내용에 이의를 제기한 경우
- 민원 또는 소송이 제기되거나 수사기관에서 수사가 진행 중인 경우

3. 보험회사의 손해사정서 보정 요청
보험회사는 손해사정사가 제출한 손해사정서가 자체적으로 조사확인한 내용과 다르거나 관련 법규, 약관에 위반된다고 판단되어 정정보완(이하 "보정"이라 함)이 필요한 경우 손해사정서의 접수일부터 10일 내에 구체적인 사유와 근거를 명시하여 손해사정사 또는 보험계약자 등에게 서면으로 요청해야 한다. (「보험업감독규정」 제9 - 21조 제3항 및 제2항 제1호제2호).

4. 보정서 또는 의견서 제출
손해사정사 또는 보험계약자 등은 보험회사로부터 보정을 요청받은 경우 즉시 손해사정서를 보정하거나 이미 제출한 손해사정서의 정당성에 대한 의견과 근거를 작성하여 보험회사에 서면으로 제출해야 한다. (「보험업감독규정」 제9 - 21조 제4항).

5. 보험회사의 보정서 또는 의견서 심사

보험회사는 보정서 또는 의견서를 접수하면 즉시 보험금을 심사지급해야 하며, 다음의 경우를 제외하고는 다시 보정을 요청할 수 없다. (「보험업감독규정」 제9 - 21조 제5항 및 제2항 제1호제2호).

- **보정서 또는 의견서의 내용이 부당하다는 객관적이고 명백한 반증이 있는 경우**
- **손해사정서의 내용이 사실과 다르거나 자체적으로 조사확인한 내용과 다른 것으로 판명된 경우(기존의 보정 요청에 대해 보정이 완료된 경우 제외)**
- **손해사정서의 내용이 관련 법규, 약관에 위반된 경우(기존의 보정 요청에 대해 보정이 완료된 경우 제외)**

6. 보험금의 지급

보험회사는 「보험업감독규정」 제9 - 18조 제1항 단서에 해당하는 경우를 제외하고 일정한 절차에 따라 확정된 손해사정서에 따른 보험금을 지급해야 한다. (「보험업감독규정」 제9 - 21조 제6항 본문).

다만, 다음의 경우에는 손해사정서에 따른 보험금을 정정하여 지급할 수 있다. (「보험업감독규정」 제9 - 21조 제6항 단서).

- 민원 또는 소송이 제기되어 보험회사가 지급해야 하는 보험금이 손해사정서와 다르게 결정된 경우
- 보험금청구권자가 손해사정서 내용의 부당함에 대한 근거 및 자료를 서면으로 제출하고 보험회사가 이를 수용하여 보험회사가 지급해야 하는 보험금이 손해사정서와 다르게 된 경우
- 보험회사가 결정한 보험금을 보험금청구권자가 수용한 경우

• 손해사정업무

보험회사 심사자와의 충돌, 보험금 부지급/삭감 사유, 의료자문/동시감정/법률자문, 손해사정금액 확정, 결과 통보 등

보험회사 심사자와의 충돌

보험회사는 현장조사 절차 이후에 보험금 지급 여부를 결정해 환자에게 통보한다. 보험금 부지급 결정이 나고 나서 독립손해사정사에게 사건을 의뢰하는 경우가 있고 보험금 청구 전에 사건을 의뢰하는 경우가 있다. 독립손해사정사는 보험회사에 사정서를 발송하고 의뢰인에게 최대한 합의금 또는 보험금(손해사정금액)이 잘 지급될 수 있도록 하는 과정에서 보험회사 심사자와 충돌할 수밖에 없다.

주로 상해, 질병, 간병보험과 같은 인보험의 경우에는 보정서 또는 의견서를 제출함으로써 보험금을 방어하며, 교통사고, 근로 중 사고, 배상책임사고 등 손해보험의 경우에는 의료자문 결과에 촉각을 곤두세우고 장해율, 과실 등과 관련한 분쟁에 방어하여 합의금을 지켜낼 수 있도록 노력한다.

보험금 부지급 및 삭감 사유

일단 다음과 같은 경우에는 보험금 지급이 거절될 수 있다.

첫째는 상해, 질병, 간병보험과 같은 인보험의 경우 약관에서 규정하고 있는 보험금 지급 사유가 발생했는지 증명하기 어려운 경우, 둘째는 약관이 애매하여 해석이 불분명한 바람에 보험회사에서 해당 약관을 유리하게 해석하여 보험금 지급을 거절하거나 보험금을 삭감하는 경우, 셋째는 의뢰인이 임상학적으로 암 진단을 받은 뒤 조직검사 등 병리학적 진단을 받을 새도 없이 사망한 경우처럼 병리학적 진단이 불가능한 경우, 넷째는 암이 주변 림프절이나 장기로 전이되었을 때 원발암 기준으로 보험금을 일부만 지급하거나 거절하는 경우, 다섯째는 암이 완치된 이후 재발한 경우, 여섯째는 고지의무 위반을 이유로 보험금 지급을 거절하는 경우 등이 있다.

교통사고, 근로 중 사고, 배상책임사고 등 책임 소재가 불분명하여 보험회사에 보험금 지급사유가 발생했는지 증명하기 어려운 경우에는 보험금 지급이 거절될 수 있다. 그러나 배상책임보험의 가입자이자 피보험자에게 법률상 배상책임이 발생하였고 보험회사에 보험금 지급 책임이 발생하였다면 보험금 지급은 확정된 상태이지만, 합의금 또는 보험금으로 얼마를 받을 수 있는지가 쟁점이 된다.

의료자문/동시감정/법률자문

보험회사는 보험금 지급 판단이 애매할 때 주로 의료자문/동시감정/법률자문 등의 방법을 활용한다.

사망이나, 후유장해, 암 등 고액 보험금을 청구하면 주치의가 발행한 진단서만으로 보험금을 지급하지 않고 다른 병원의 의사에게 진단의 타당성을 확인하는 절차를 거치는 경우가 있다.

이때 많이 이용하는 방법이 의료자문과 동시감정이 있다. 보통 의료자문을 2회까지 진행했음에도 불구하고 의뢰인(독립손해사정사)과 보험회사 간 의견 차이가 좁아지지 않으면 제3 의료기관 동시감정을 가게 된다.

의료자문이란 보험사가 보험금 지급 심사나 손해사정 업무에 참고하기 위해 피보험자(의뢰인)의 질환과 치료 과정에 대해 의료기관에 소속된 전문의의 의학적 소견을 묻고 서면으로 회신을 받는 방법을 말한다. 동시감정은 자료와 함께 환자가 직접 감정의사를 만나서 자료의 검토 외에 별도의 진료나 검사를 통해서 새로운 진단을 받는 방법을 말한다.

또한 교통사고, 근로 중 사고, 배상책임사고 등의 경우에는 변호사 법률자문을 통해 보험금 삭감 및 면책 근거를 마련하기도 한다.

보험회사에 보험금을 청구하면 보험금이 무조건 지급되리라고 기대하는 사람들이 생각보다 많다. 보험회사가 보험소비자에게 적은 돈으로 많은 혜택을 주면 무엇으로 먹고 살 수 있을까? 보험회사는 자선단체가 아니다. 이윤 추구를 목적으로 하는 기업일 뿐이다. 보험회사의 수익구조에 대해 말하자면 보험료는 더 많이 받고 보험금은 더 적게 지급하는 것이 핵심이다.

손해사정금액 확정

손해사정금액은 이름에 유추할 수 있듯이 손해사정의 결과로 도출된 보험금을 말한다. 즉, 손해사정사가 보험약관, 관련 법규 분쟁조정위원회, 법원 판례, 의학적 근거 등을 종합하여 결정 내린 금액이다.

물론 보험회사는 독립손해사정사가 제시한 손해사정금액을 그대로 수용하지 않는다. 의료자문/동시감정/법률자문 등을 통하여 재검토를 하고 보정서/답변서를 통해 다툰 끝에 보험회사가 최종적으로 수용할 경우 비로소 손해사정금액이 확정된다. 의뢰인도 해당 금액을 수용하면 보험금으로 지급되는 것이다. 큰 변수가 없다면 1 - 3영업일 이내로 의뢰인은 손해사정금액을 보험금으로 지급받을 수 있다.

결과 통보

손해사정 업무는 확인해야 할 것도 많고 평가의 각 과정에서 민원에 시달리기 쉬우며 고려해야 할 것들도 많기 때문에 쉬운 일이 아니다. 1차적으로 손해사정서 작성이 어렵고(물론 단순 골절 건은 비교적 사정서를 작성하기 쉬운 편이다), 손해사정금액이 최종적으로 결정되기까지 많은 우여곡절을 거친다. 보험회사 담당자도 수용해야 하고 의뢰인도 만족시키는 결과를 가져와야 한다. 모두가 행복한 결과를 도출해내야 하는 것은 정말 쉽지 않다. 의뢰인에게 연락을 해서 손해사정금액을 설득해야 하는 때도 있다.

때때로 의뢰인은 이야기한다. 그것밖에 안 나와요? 이 밖에도 흔하지는 않지만 각종 욕설 공격을 동반하는 경우도 있다. 한편, 끝까지 싸웠음에도 불구하고 보험금이 면책되는 경우도 있다. 이때에는 의뢰인 앞에서 죄인이 된 것처럼, 온종일 마음이 무겁다.

물론 상해, 질병, 간병보험과 같은 인보험의 경우에는 보험금이 정해진 정액보험을 청구하며 지급받느냐, 부지급받느냐 둘 중 하나로 결론이 나오다 보니 보험금 전액을 지급받으면 의뢰인에게서 연신 감사하다는 인사를 받는다. 독립손해사정사에게 보험금이 지급되었다는 얘기만큼 기쁜 소식은 없다.

어떤 때에는 나도 모르게 기뻐서 펄쩍 뛰기도 하고 눈물이 핑 돌기도 한다.

[참고] 손해사정사들의 업무 분야

업무구분 자격취득

■ 업무

보험사고 발생시 손해액 및 보험금의 산정업무를 전문적으로 수행하는 자로서 보험금지급의 객관성과 공정성을 확보하여 보험계약자나 피해자의 권익을 침해하지 않도록 해주는 일. 즉 보험사고발생시 손해액 및 보험금을 객관적이고 공정하게 산정하는 자가 손해사정사이며 수행하는 업무는 다음과 같습니다.

- 손해발생 사실의 확인
- 손해사정업무와 관련한 서류작성, 제출 대행
- 보험약관 및 관계법규 적용의 적정여부 판단
- 손해사정업무 수행관련 보험회사에 대한 의견 진술
- 손해액 및 보험금의 사정

■ 구분

재물 차량·신체·종합 손해사정사
(단, 종합손해사정사는 별도의 시험없이 재물 차량 신체손해사정사를 모두 취득하게 되면 등록이 가능)

■ 업무수행

- 고용손해사정사 : 보험사업자에게 고용되어 손해사정업무 수행
- 독립손해사정사 : 보험사업자에게 고용되지 않고 독립적으로 손해사정업 영위(손해사정업)

■ 자격취득

금융감독원에서 실시(제23회 손해사정사시험부터 보험개발원이 위탁받아 수행하는 1차 및 2차 시험에 합격하고 일정기간의 수습을 필한 후 금융감독원에 등록함으로서 자격을 취득합니다.

손해사정사 1차 시험 합격 ▶ 손해사정사 2차 시험 합격 ▶ 실무실습 ▶ 손해사정사 등록

[손해사정사 인사이트] 손해사정사, 왜 선임해야 할까? (김도연 손해사정사)

세상의 어떤 사람이든 위험에서 자유로울 수 있는 사람은 없다. 여기서 위험이란 사고나 손해발생의 불확실성 또는 가능성을 뜻한다. 그렇다면 인간이 겪는 신체적 손해에는 무엇이 있을까? 바로 상해사고와 질병사고일 것이다. 상해사고는 교통사고, 근로 중 사고 등 많은 위험이 원인이 되어 발생할 수 있다. 질병사고는 어떠한가? 건강검진으로 인해 질병을 조기 발견할 수 있어 사망 위험성이 줄어들고 있다고는 하지만 목숨이 2개 이상인 사람은 없다. 게다가 우리가 질병에 걸리지 않을 방법은 없다. 의학 기술이 아무리 발전해도 질병으로 고통받는 환자들은 여전히 존재한다.

손해사정사 합격증을 취득한 후 손해사정에 관심을 가지게 된 계기에 대해 묻는 사람을 종종 만나곤 한다. 먼저 보험에 관심을 가지게 된 계기부터 이야기를 해야 할 것 같다. 보험의 '보' 자도 알지 못했던 나는 2012년 3월의 어느 봄날 아버지가 위암 판정을 받으시면서부터 보험과 인연을 맺게 되었다.

보험의 원리가 여럿이 얼마씩 돈을 나누어 내어 위험에 처한 사람을 돕는 것이라니. 취지가 참으로 좋지 아니한가. 지금 생각하면 말도 안 되는 생각인데, 당시의 나는 보험회사가 원더우먼이나 슈퍼맨처럼 이웃의 어려움을 함께 나누는 고마운 회사라는 인식을 가지고 있었다.

손해사정사가 보험 분쟁의 해결사 역할을 한다는 사실을 처음 알게 된 것은 내 전 직장 사무실 옆에 위치한 자동차보험 콜센터 덕분이었다. 몇몇 직원과 점심 식사를 같이 하면서 친해졌는데 간혹가다 자동차 사고 시 보험처리 요령이라든가 차량 손해사정에 대한 이야기를 들을 수 있었다. 이때부터 손해사정사란 직업의 존재를 인지하게 되었다.

눈치를 챘겠지만 나는 처음부터 손해사정을 업으로 삼아 사회생활을 시작했던 것은 아니었다. 나는 학부 시절 영어와 중국어를 전공했다. 하지만 어려서부터 사회 문제와 사회 복지에 관심이 많았던 덕분에 대학교 졸업 이후 평생교육원을 통해 사회복지사 2급 자격증을 취득하였고, 사회 복지 관련 공공기관, 사회복지 NGO단체 등에서 일했다. 운이 좋아 작은 매체에서 기자로 글을 쓰기도 하였다.

수험생활을 하며 상법과 민법, 자동차손해배상 보장법, 보험업법 등 보상과 배상 관련 법률을 공부하였고 보험금 분쟁 사례, 구상 관련 소송 사례 등을 살피며 보상 청구의 타당성 및 절차의 적합성, 손해액 산정에 대해 학습하였다.

보험사에서 근무하여 손해액 및 보험금의 산정 업무, 보험사와 보험소비자를 위해 일하는 독립손해사정사 간 공방 과정을 조율하는 업무 등 실무를 배웠다. 이러한 경험을 바탕으로 현재는 독립손해사정사로서 활동하고 있다.

보험회사에서 근무하면서 느꼈던 점은 보험회사는 보험금을 알아서 챙겨 주지 않는다는 사실이었다. 그러나 보험소비자 대다수가 보험금 지급 규정이나 약관에 대한 기초 지식이 없어서 보험금이 누락되었는지조차 알지 못한다.

몇 가지 보상 팁을 곁들이자면 실손보험과 관련하여 비타민 수액주사를 청구할 경우에는 치료 목적으로 주사를 맞았다는 주치의 소견서가 필요하다. 주치의 소견서가 없으면 보험금이 지급되지 않는다. 그러나 별도로 연락해서 이 사실을 알려 주는 심사담당자가 많지는 않다. 입원일당도 진료비 세부내역서를 기준으로 보험금을 지급한다. 3박 4일 입원했다고 가정했을 때 실제로 입원한 날짜가 4일이지만 진료비 세부내역서에서는 3일로 기재돼 있을 수 있다. 보험금을 청구할 때 제출하는 서류들의 내용을 꼼꼼히 확인하는 작업이 필요하다. 서류를 제출하면 돌려받기가 쉽지 않기 때문에 되도록 스캔을 해 놓거나 사진으로 찍어 놓는 편이 바람직하다.

게다가 보험금이 고액일수록 보험회사는 환자의 상태를 인정하지 않는다. 재차 말하지만 보험회사는 영리를 추구하는 기업이고 보험료 수입을 극대화하기 위해서는 보험금 지출을 최소화해야 한다. 따라서 판례는 물론이고 의학적인 자료, 논문, 의료자문까지 총동원하여 감액이나 면책을 주장하는 경우가 많이 있다.

이때에는 반드시 손해사정사에게 상담을 받아 볼 것을 추천한다. 상담은 대부분 무료로 진행되니 전혀 부담을 가질 필요가 없다. 손해사정사는 매일 보험금 분쟁을 진행하는 전문가다. 보험 담보에 대해 잘 알고 있는 설계사님들도 손해사정사를 찾아온다. 하물며 보험에 대해 알지 못하는 보험소비자가 보험금 분쟁에 휘말렸다면 적절한 대처를 할 수 없음은 물론이고 보험금 면책이라는 부당한 현실을 마주할 수밖에 없다.

보험은 우리나라 국민 대다수가 가입하여 친숙한 것처럼 보이지만 막상 보험소비자가 이해하기 어려운 법률 및 의학지식 등이 주를 이루고 있다. 따라서 보험회사와 맞서 싸울 수 있는 전문가를 선임할 것을 추천드리고 싶다.

제3장

손해사정사, 그들은 누구인가?

• 내 보험금 청구했는데 보험사가 지급을 안 해 줘요

위기의 순간에서 보험은 그 진가를 발휘한다. 그러나 보험금이 절실한 순간에 이를 받지 못한다면 어떻게 될까? 생각하기도 싫지만 실제로 이런 경우는 우리 주변에 비일비재하다. 물론 부당한 이유로 보험금 지급이 이루어지지 않을 경우 적법한 절차로 소송을 할 수도 있겠지만 개인이 거대 보험사와의 법적인 분쟁에서 승소하는 것도 부담스럽긴 하다.

보험금 미지급과는 별개로 보험금 청구 시 대부분 자신의 보험설계사를 통하는 경우가 다수이다. 따라서 보험금을 수령한 경우에도 보험사 소속인 분들이 보험가입자의 편에서 제대로 된 보험금 지급을 할 수 있을까 하는 의심도 들긴 한다. 이처럼 보험금 지급을 두고 여러 가지 의구심이 든다면 우리는 해결사를 찾아야 한다. 보험금 분쟁의 해결사, 손해사정사가 그 주인공이다.

보험금 청구는 법대로 하자!

보험 가입을 한 보험계약자, 피보험자, 수익자 중 보험사고 발생 후 보험금 청구를 할 수 있는 사람은 보험수익자한 사람이다. 보통 보험수익자를 법정 상속인 또는 피보험자, 보험계약자로 하고 있기에 우리는 피보험자가 보험금 청구가 가능하다 생각하지만, 보험약관 및 관련 법규에 따르면 보험수익자만이 보험금 청구가 가능하다.

보험수익자가 보험금 청구를 했다면 보험사는 10영업일 이내에 보험금을 산정하고 지급을 해야 하지만 만약 보험금 지급 사유에 대해 또는 보험금 산출에 필요 시 조사할 수 있다. 그 기간은 최대 30일로 규정돼 있으며 보험사는 조사를 위해 손해사정사를 선임한다. 조사에 대한 보험수익자의 동의는 필요 없다. 이는 보험사의 권리이다.

손해사정사는 서베이 손해사정사, 선임 손해사정사, 독립 손해사정사 등 3부류로 나뉜다. 먼저 서베이 손해사정사는 보험사의 자회사나 보험사와 계약된 손해사정사로 보험사의 편의에 따라 움직이는, 속칭 보험사 편 손해사정사를 말하며 수수료는 보험사가 지불한다.

선임 손해사정사는 보험금 지급을 청구한 때로부터 7일 이내에 보험사와 보험수익자가 합의해 선임하는 속칭 공정한 손해사정사다. 선임 손해사정사는 먼저 보험수익자가 손해사정사를 선임하고 선임된 손해사정사가 보험사로부터 선임 확정을 받으면 된다. 수수료는 보험사가 지불한다. 마지막으로 독립손해사정사는 보험사 의견과 상관없이 보험수익자의 편에 서서 일을 봐주는 손해사정사이며 수수료는 모두 보험수익자가 지불한다.

보험사보다 먼저 손해사정사를 선임해야 유리하다

대개 보험수익자가 보험금 지급 청구를 한다면 보험사는 그 청구서를 받은 날 '선임 손해사정사 제도'를 보험수익자에게 메시지로 알려 주지만 보험수익자는 그냥 흘려넘기는 경우가 많다. 보험수익자가 선임에 대한 의견이 없을 때 보험사 편의 서베이 손해사정사를 선임하게 된다.

만약 보험금 청구 7일 이내에 보험수익자가 선임손해사정사를 선임한다면 보험사는 법에 따라 이외의 손해사정사를 선임할 수 없다.

우리가 알고 있는 의료자문, 동시자문은 손해사정사의 조사 및 손해사정에 필요할 때 손해사정사가 보험수익자 또는 피보험자의 동의를 받아 진행하는 것으로, 절대 보험사가 단독으로 진행할 수 없다. 게다가 손해사정사는 모든 조사가 마무리된다면 손해사정서를 작성하며 그 손해사정서에는 지급 또는 부지급이 명시돼야 하고 보험사와 보험수익자에게 모두 교부를 해야 한다.

보험금 지급 청구부터 손해사정사에 대해 알고 그 제도를 이용해야 추후 보험금 지급에 잡음이 없을 것이며 더 나아가 보험사의 무리한 주장을 막을 수 있다.

결국 보험금 청구를 했는데 보험사가 보상을 해 주지 않는다면 손해사정사를 먼저 찾아야 한다. 내 돈을 내가 지켜야 하고 그만큼 믿을 만한 손해사정사를 구하는 것이 내 보험금을 지키는 가장 좋은 길이다.

• 내 돈 들여 내가 하는 보험금 손해사정

살다 보면 생각보다 우리는 많은 위험과 사고에 노출되어 있다는 사실을 알게 된다. 이처럼 뜻하지 않은 사고를 당하기도 하며 예상하지 못한 순간에 다른 사람에게 피해를 주기도 한다. 이는 일상생활에서 많이 발생하는 일이다. 일상생활에서 발생하는 사고나 피치 못할 법적 분쟁에 대비하기 위해서 사람들은 보험에 가입하게 된다. 그러나 보험에 가입되어 있다고 해서 모든 사고가 원만하게 해결되는 것도 아니다. 보험금을 지급받기 위해서는 손해사정사와 변호사의 도움을 받아야 하는 상황도 발생하는 것이다.

보험금을 받으려면 손해사정사의 도움은 필수!

보험금을 청구하기 위해서는 손해사정사와 다음과 같은 업무 처리를 거치게 된다.

우선 잘 아는 손해사정사가 있다면 연락하여 수임 계약 후 보험회사 측에 통지를 하면 된다. 그리고 아는 손해사정사가 없다면 인터넷 검색이나 한국손해사정사협회를 통해서 문의해도 된다.

교통사고의 경우는 보험회사 보상담당자가 있기 때문에 먼저 전화를 해서 피해자 혹은 피보험자와 손해사정업무수임계약을 맺었다고 통보를 하고 보험회사가 가지고 있는 의무기록 및 사건자료 등을 요구하여 받으면 된다.

게다가 피해자 또는 피보험자의 치료가 끝나는 시점에 손해사정서를 통해 구체적인 손해액과 향후 치료비에 대한 의견을 제시하게 된다. 개인보험의 경우는 보험금 청구가 들어가기 전과 들어간 후 보험금 청구 후 면책이나 삭감된 경우에 따라서 업무가 약간씩 달라지기도 한다.

보험에 가입한 지 1년 미만의 사고이거나 지급보험금이 큰 보험이거나, 후유장해보험금이나 그 밖의 조사가 필요하다고 여겨지는 경우에는 손해사정사를 빨리 찾아보는 것이 중요하다.

보험회사마다 약간 차이가 있지만 보험금 방어를 위해서 조사가 많이 나오는 편이다. 보험회사는 국가기관도 아니고 사익을 추구하는 집단이기 때문에 의료자문이나 보험사고 조사 등을 통해서 지급보험금을 줄인다는 것이 일반적인 인식이다. 원래는 손해사정 절차 자체가 보험사나 보험금청구권자 누구의 편도 들지 않고 객관적이어야 한다. 그러나 현실은 녹록지 않다.

그렇더라도 손해사정사를 통해서 손해사정서를 제출하고 최대한 의견을 제시하는 것이 유리한 것은 사실이다. 보험회사에서는 손해사정 절차가 없이 보험금을 지급할 수 없게 되어 있다 보니 위탁법인의 손해사정 절차나 독립손해사정사가 제시하는 사정서를 무시할 수가 없다. 그래서 이왕이면 독립손해사정사를 통해서 보험사에 보험금 청구 의견을 효과적으로 제시하는 일이 필요한 것이다.

화재사고가 났을 때도 손해사정사부터 찾자

건물에서 발생하는 화재는 건물주나 사업자에게 아무런 예고 없이 찾아오는 재앙이다. 이는 반드시 큰 재산적 피해를 야기한다. 이러한 재산적 피해를 담당하는 손해사정사가 바로 재물손해사정사다.

화재보험에 가입되어 있다면 보험을 통해서 재산 피해를 보전받으면 되는데 그 절차를 모르면 난감할 것이다. 가뜩이나 처음 겪는 사고 때문에 정신적으로도 힘든데 보험처리 절차도 알아보아야 하고 재산적 피해 보상은 어떻게 하면 잘 받을 수 있을지도 몰라 난감한 경우가 많다. 이럴 때일수록 재물손해사정사를 찾아서 상담받는 것이 필요하다.

화재사고가 났을 경우 화재보험처리 절차는 아래와 같다.

1. 사고 발생 및 보험 접수
2. 현장조사
3. 자료준비 및 제출
4. 손해액 평가
5. 손해액 검토 및 협의

위 절차가 마무리된다면 보험금을 확정하여 보험사는 보험금을 지급하게 된다.

우선 사고가 발생하여 보험 접수는 어떻게 이루어지는가. 가입된 보험사 콜센터로 전화해서 사고 사실을 알리면 사고가 접수되고, 곧 위탁손해사정사 직원이 배정되어 안내를 받을 것이다. 이때 연락을 하는 담당 위탁손해사정사의 직원은 보험회사와 업무 위탁계약을 맺은 보험회사 측 직원이기 때문에 보험사의 입장에 가까울 수 있다.

그리고 현장조사가 이루어지는데, 보험사 측에서 배정한 손해사정사 직원이 방문하여 현장조사를 진행하게 된다. 현장조사 시 보험사 측 손해사정사 직원은 화재 원인, 피해 내용, 보험 계약 사항을 확인하며 기본적인 사고 내용 조사와 함께 보험사에서 보험금을 지급하지 않아도 될 면책 사항에 해당되는지 검토하게 된다. 면책 사항에 해당하면 보험금을 지급하지 않아도 되므로 이 부분을 보험사 측에서 면밀하게 보는 것은 당연하다.

그다음 자료 준비 및 제출 단계에서 보험사 측 손해사정사는 현장을 확인하여 화재 원인과 관련된 서류 및 손해액을 입증할 수 있는 자료를 요청하게 된다. 보험처리와 관련하여 특이사항이 있거나 피해의 정도가 크면 요구하는 자료도 많아지게 된다.

다음으로, 손해액을 평가하게 되는데 보험사 측 위탁손해사정사는 자료를 전달받으면 손해액을 평가하여 보험사에 제출한다. 그런데 이 단계에서 보험사 측 위탁손해사정사는 보험사에서 접수받은 수십 건의 사고를 동시에 처리하게 되므로 업무의 처리가 지연될 우려가 있고, 보험사와 계약을 체결하여 업무를 하기 때문에 보험사의 입장에서 손해액을 과소하게 산출할 위험도 존재한다.

그리고 보험회사에서는 제출받은 손해사정사의 평가 내역을 검토하게 된다. 이때 평가된 손해액 중에서 근거자료가 빈약한 항목에 대해 추가적인 입증자료를 요구하기도 하고 손해액의 타당성에 대해 이의를 제기하기도 한다. 이런 과정에서 입증자료가 제대로 보완되지 않거나 올바르게 대응하지 못하면 최초 평가된 손해액에서 감액이 되기도 한다.

마지막으로 보험금이 확정되어 지급되는 단계에서 분쟁이 시작되기도 한다. 보험사에서 검토를 하여 손해액을 승인하면 위탁손해사정사는 지급될 보험금액을 통보하게 된다. 해당 보험금액에 대해서 인정하면 최종서류에 서명하여 보험금을 지급받으면 된다. 그러나 결정된 보험금을 납득할 수 없다면 그 금액이 어떻게 산정되었는지, 청구한 금액 중에서 인정되지 않는 부분이 어떤 부분인지 확인하여 입증자료를 보완한 다음 보험사에 재검토를 요청해야 한다.

이러한 과정에서 손해사정사의 역할이 매우 중요하다. 실제로 보험금을 얼마나 받을 수 있는지도 천차만별로 결정될 수 있기 때문이다.

각 단계별로 손해사정사가 어떤 역할을 해 줄까

우선, 사고 발생과 보험 접수 단계에서부터 손해사정사는 피해자를 위하여 업무를 시작한다. 피해자는 미리 독립손해사정사와 협의하고 향후 보험처리의 진행 방향 및 준비가 필요한 사항에 대해 파악해 두는 것이 보험처리를 위해서 중요하다. 이때 독립손해사정사는 피해자와의 사전 협의를 통해서 향후 진행될 보험사의 현장조사에 대비할 계획을 세우게 된다.

그다음, 현장조사 단계에서 독립손해사정사는 보험사 측 위탁손해사정사보다 현장을 먼저 방문하여 보험금 청구가 가능한 항목을 사전에 확인하고 보험처리 진행 시 문제가 될 만한 부분을 체크하여 대응 방안을 준비한다. 이후에 보험사 현장조사 시 동행하여 피해자의 입장이 보험처리에 잘 반영되도록 함께 조사를 진행하게 된다.

자료 준비와 제출 단계에서는 독립손해사정사가 어떤 서류를 어떻게 준비하는 것이 도움이 될지를 미리 파악하여 피해자가 가장 효율적이고 합리적인 자료를 준비할 수 있도록 조력한다.

그리고 손해액 평가 단계에서는 독립손해사정사가 수임받은 피해자의 사고에 초점을 두고 업무를 진행하여 보험사 측 위탁손해사정사보다 신속하게 손해액 평가를 수행함으로써 보험처리에 소요되는 시간을 최소화할 수 있다. 이때 피해자의 입장에서 어떤 것도 손해 평가에 누락되는 일이 없도록 최대한 신경 써서 손해액을 산정하게 된다.

보험사의 손해액 검토 및 협의 단계에서는 경험이 많은 독립손해사정사가 미리 예상되는 보험사의 이의제기에 대한 대응을 준비하고, 보완 요청 시 제출할 입증자료를 사전에 준비하며 손해액 평가를 진행해 보험사에서도 손해액을 쉽게 깎지 못하게 된다.

따라서 보험사가 보험금 확정 및 지급을 할 경우에 청구금액이 비상식적으로 낮은 경우를 초래하지 않을 수 있다.

• 급하게 찾는 손해사정사, 그리고 보험 민원

손해사정이라는 분야가 생소한 것은 개인의 사정일 뿐이고 현실에서 손해사정은 다양한 보험사고에 따라 수도 없이 이루어지고 있다. 보험가입자는 내가 가입한 보험약관에 따라 보험금이 제대로 지급되지 않을 경우, 일단 부지급통보를 받고 나서부터 급하게 손해사정사를 알아본다.

이럴 경우 보험사는 계속적으로 면책 사유를 들어 자기들은 지급해 줄 수 없다고 답변한다. 지급받을 수 있음에도 불구하고 원래 못 받는 보험에 가입했다는 착각에 빠져 자책하기도 한다. 뭔가 억울한데 어디에 물어볼 곳이 마땅치 않을 경우 급하게 주변에 수소문하기 시작한다. 그러다가 체념하게 되는 경우도 종종 있다. 손해사정사를 알았더라면 적어도 보험사에 다시금 보험금을 청구할 수 있는지 최소한의 검토라도 해 보았을 것이다. 그리고 보험금을 지급받을 가능성을 발견하고 보험사에 보험금 지급 청구를 하거나 보험 민원 신청을 통해서 보험사에 보험금 지급을 하도록 유도할 수 있었을 것이다.

물론 보험 민원 신청을 한다고 해서 보험금이 다 지급되는 것은 아니다.

우리나라에서 보험 분야의 분쟁조정기관은 한국소비자원과 금융감독원이 있다. 일반 보험계약자들은 회사와의 보상 문제가 생길 때 시도해 볼 수 있는 것이 보험 민원 신청이다. 여기서 중요한 것은 민원을 신청한다고 하여 해당 기관이 반드시 신청인의 요구를 들어주는 것은 아니라는 점이다.

물론 관련 지식이 없는 상황에서 별다른 길이 없어 보이는 것도 사실이다. 민원이 어떻게 처리되는지 상황과 흐름을 알지 못하면 답변을 받기까지 1년이 넘는 시간을 주야장천 기다려야 하는 일이 발생할 수 있다. 손해사정 업무를 해 보면 의뢰인이 금감원에서 제대로 된 답변을 받지 못하였기 때문에 다른 방도를 찾고 있다는 말을 늘곤 한다. 그 이유는 대부분 민원을 넣을 때 감정에 호소하기 때문이다. 민원 처리 기관에서는 당사자가 아니기 때문에 신청인의 민원 내용이 법과 원칙에 맞지 않을 시 수용하지 않는 경우가 많다. 그렇기 때문에 손해사정사를 통해서 민원을 넣는 게 효과적인 것이다. 논리와 법령, 판례를 기초로 민원을 제기하면 기관에서 보다 민원인을 신뢰하고 내용 검토를 능률적으로 할 것이기 때문이다.

분쟁조정기관이라고 해서 보험소비자의 편만 들지는 않는다

민원을 신청할 경우 소비자가 약자이기 때문에 요구사항을 반드시 들어줄 것이라는 착각을 해서는 안 된다. 보험금 지급에 대해 서로 이견이 있을 때 분쟁조정기관은 어느 일방의 편을 들어주지 않는다. 민원 신청 이유에는 보험약관 해석의 문제도 있지만 사실 대부분은 의학적인 판단을 요구하는 경우가 더 많기 때문이다.

그런데 의학 분야의 전문가가 아닌 민원기관에서 개별 사안을 일일이 검토해 볼 수도 정확하게 답변하기도 어렵다. 담당 의사의 소견이나 자문의의 의견이 대립할 경우 민원의 효과는 더 낮아진다. 그래서 민원을 제기하기 전에는 충분한 심사와 검토를 진행한 후에 하는 것이 보다 현명한 것이다. 이러한 심사 절차와 대응 방법을 잘 모르면 우선 민원 업무를 다수 수행해 본 경험이 많은 손해사정사와 상담하여 해당 이슈를 검토하면서 진행하는 것이 좋을 것이다. 그냥 구체적이고 타당한 증거자료도 없이 민원부터 넣는 것은 아무 효과가 없다는 것을 말하고 싶다.

손해사정사를 통해 민원의 효과를 높이는 법

그러면 보험 민원을 통해서 긍정적인 답변을 이끌어 낼 수 있을까. 실제 민원이 제기되는 사안들은 지급 결정이 애매하거나 담당자가 판단하기 어려운 사안이 많다. 누가 보더라도 명확한 청구 건들은 보험사도 알아서 지급한다. 그래서 애매한 것들만 민원의 대상이 되는 것이 당연하다.

갑자기 뇌졸중이 와서 언어장애와 편마비 진단을 받은 경우, 뇌경색은 지식이 없는 일반인이 보더라도 명확한 진단이므로 진단보험금 받는데 큰 지장이 없다. 질병 및 상해보험에서 민원이 증가하는 이유 자체가 진단과 치료 행위 자체가 매우 주관적이고 전문가마다 의견도 다르기 때문이다.

그렇다면 보험 민원을 통해서 보험금 지급 가능성을 극대화할 수 있는 경우는 어떤 경우일까. 실무를 하다 보면 마주하는 경우는 아래와 같다.

보험약관 상 별다른 부지급 근거를 찾아보기 어려운 경우에는 매우 효과적이다.

보험가입자에게 유리한 판례나 해석례가 있는 경우에 효과적이다.

분쟁조정기관에서 검토할 때 보험사에만 유리한, 다소 억지 주장이 섞여 있을 경우에는 보험 민원의 효과가 높아진다.

다만, 주치의 소견과 자문의사 의견이 다른 경우이거나 보험회사와 보험계약자 및 수익자의 주장이 모두 타당할 경우이거나, 사안의 중요성이 크거나 사회적인 이슈가 되고 있는 경우 등에서는 보험 민원을 넣더라도 제대로 된 답변을 기대하기 어려운 경우가 많다.

• 면책 지옥: 한 번 엎질러진 보험 가입

보험 가입할 때 고민해야 하는 부분이 있다. 바로 보험금을 받지 못하는 사유 면책 사유가 그것이다. 보험사는 바보가 아니다. 큰 보험금을 지급하기 전에 면책 사유에 해당하는지 살펴보기 때문에 보험에 가입할 때 혹시라도 나중에 면책 사유로 보험금이 지급되지 않을지 면밀하게 검토해 볼 필요가 있다.

우리는 미래 불확실성에 대비하기 위해 보험이라는 금융상품에 가입한다. 그러나 보험에 잘못 가입하면 보험 계약을 유지하기도 해지하기도 어려운 상황에 빠질 수 있다. 게다가 면책 사유에 해당하여 보험금을 지급받지 못하는 경우에는 그동안 보험료를 납입한 세월을 후회할 수도 있다.

보험 가입 전에 우선 가입하고자 하는 보험의 성격이 어떠한지, 나에게 필요한 보험인지 고민해 보아야 한다. 보험설계사의 권유만 듣고 불필요한 보험에 가입하지 않도록 유의해야 하고 중복보험에 가입되어 나중에 보험료에 비해서 낮은 보험금을 받는 불이익을 당하지 않아야 한다. 특히 보장성 보험의 경우 보험료, 납입기간, 보험기간, 주요 보장 내용, 면책 사항을 면밀하게 따져보아야만 추후 보험사고가 발생한 경우 적정한 보장을 받을 수 있다.

보험계약 체결부터 잘못되면 손해사정사도 도와줄 수가 없다

보험 계약을 체결할 때부터 이미 보험금을 지급받지 못할 보험에 가입할 경우, 손해사정사가 아무리 유능하다고 하더라도 보험금을 지급받을 수 없는 것이 현실이다. 보험계약은 보험계약자가 청약을 하고 보험회사가 승낙을 하여 체결된다. 보험 계약을 청약할 때 보험계약자는 보험계약자의 중요한 위험 요소를 보험회사에 고지해야 한다. 이는 보통 보험회사가 제시하는 질문서에 기재하는 방식으로 이루어진다.

질문서에 사실대로 기재하는 것이 중요하고 허위 또는 부실 사실을 알리면 보험사고가 발생해도 계약이 해지되며 보상을 받지 못할 수 있다. 보험회사의 책임은 청약자가 보험료를 납입하고 필요한 경우 보험회사가 요구하는 신체검사를 받아야 개시되기 때문에 청약을 했다고 보험회사가 책임지는 것은 아니다. 일반적으로 보험계약을 지인인 설계사와 체결하는 경우가 많아서 그냥 무턱대고 가입하는 경우가 굉장히 많다. 보장받으려는 사고가 어떤 것인 것인지 정한 다음 해당 상품이 합리적인지 판단해야 하는 이유가 여기에 있다.

보험 계약을 청약할 때 보험계약자와 피보험자는 자신의 병력, 직업 등 보험회사가 보험 계약의 체결 여부를 경정하는 데 영향을 미칠 수 있는 중요한 사항을 보험회사에 고지할 의무가 있다. 이를 고지의무라고 한다. 만약에 고지의무를 소홀히 할 경우에는 계약이 해지되거나 보험금 지급이 거절될 수 있어 각별히 주의해야 한다. 자주 사례로 접하는 보험회사의 거절 사유도 대부분 고지의무 위반이고 대표적 면책 사유 중 하나이다.

고지의무를 이행하기 위해서는 청약서에 첨부된 질병, 직업 등과 관련한 질문사항에 대한 답변을 사실대로 기재하여 보험회사에 고지가 되어야 한다. 보험설계사에게 구두로 알리는 것만 가지고는 고지의무를 다한 것으로 인정되지 않는다. 청약서와 상품설명서 마지막에 보험계약자가 설명받은 내용 등을 확인하고 자필서명을 하도록 되어 있다. 여기에 서명을 하면 계약 내용에 동의한다는 의미이기 때문에 서명을 하는 순간 보험계약자에게 불리한 증거로 작용할 수 있다. 그래서 보험계약서에 서명할 때는 신중해야 한다.

마지막으로 청약서 부본, 상품설명서, 약관을 받아 두어야 한다. 그리고 상품안내장, 가입설계서 등 보험계약 체결 시 자료들도 청약서와 함께 보관해 두면 법적 분쟁에서 증거로 사용될 수 있으므로 미리 챙겨 두는 것이 중요하다. 보험 가입만 하면 모든 보험금을 받을 수 있다는 것은 오산이다. 애초부터 면책 사항을 제대로 확인하지 않고 면책 지옥에 빠지면 보험금을 지급받을 수 없다.

면책 지옥에서 헤어날 수 있을까

보험에 잘못 가입하였어도 보험계약자는 일정한 요건하에 계약을 철회 또는 취소하여 금전적 손실이 발생하지 않게 보험계약에서 헤어나올 수 있다. 즉, 보험계약 후 단순한 변심에 따른 경우라고 하더라도 보험계약자는 보험증권 수령일로부터 15일, 청약일로부터 30일 이내에는 통상 계약을 철회할 수 있다. 게다가 보험회사가 약관 및 청약서 부본을 주지 않거나 약관의 주요 내용을 설명하지 않은 때, 계약자가 청약서에 자필서명을 하지 않았을 때는 청약일로부터 3개월 이내에 계약을 취소할 수 있다.

보험계약자가 개인적인 사정이 생겨 보험계약내용을 변경할 일이 생기면 변경사항을 보험회사에 청구할 수 있다. 예를 들면 보험계약자를 다른 사람으로 변경하거나 보험금을 받을 사람을 바꾸거나 또는 보험금액을 변경해야 할 필요가 생기는 경우가 그것이다. 다만, 보험계약내용 변경으로 보험사고 발생 가능성이 높아질 수도 있기 때문에 보험사의 승낙이 필요하고, 이때 보험사는 승낙 사실을 서면으로 보험계약자에게 고지하거나 보험증권 후면에 보험계약 변경내용을 기재해서 보험계약자에게 교부해야 한다.

이렇게 보험 조건을 변경할 수도 있지만 명심해야 하는 것은 보험사고가 발생했을 때 내게 발생한 사고가 보험금을 지급받을 수 있는 사유에 해당하는지 약관을 꼼꼼하게 살펴보고, 혹시 면책 사유에 해당하여 보험금을 지급받지 못하는 것은 아닌지 따져봐야 한다. 그리고 필요하다면 미리 보험사나 경험이 많은 손해사정사를 통해서 물어보는 것도 좋은 방법이다.

• 손해 보지 않기 위해 손해사정사를 잘 고르는 법

손해사정사는 보험회사에서 의뢰인을 위해서 보험금을 받아 주는 전문가이다. 그렇기 때문에 어떻게 하면 보험금을 잘 받아 주는지를 기준으로 손해사정사를 고르면 될 것이다.

우선 손해사정사를 잘 고르기 위해서는 보험사와 의뢰인 간에 분쟁이 발생할 경우 그 사안을 정확하게 분석하는 손해사정사를 고르는 것이 중요하다. 처음에 상담을 했을 때 의뢰인이 질문을 하면 그 사건의 주요 쟁점과 예상되는 문제, 해결방안까지 제시해 줄 수 있는 것이 실력 있는 손해사정사라고 할 수 있다.

당연히 피해야 할 손해사정사는 추상적인 언어로 의뢰인을 헷갈리게 하거나 사건의 핵심을 모르고 우왕좌왕하는 손해사정사가 될 것이다.

그리고, 의뢰인 입장에서 좋은 손해사정사는 보험금을 지급받기 위해 필요한 서류를 명확하게 알려 주는 사람일 것이다. 인생에서 보험금 부지급을 통보받는 경우는 매우 드물기 때문에 손해사정을 위한 서류를 준비하는 것도 어려울 수밖에 없다. 특히 의뢰인 입장에서는 다른 본업을 하면서도 서류를 챙겨야 하기 때문에 더 난감할 수 있다.

또한 의무기록, 제증명 등의 서류 준비 역시 어렵기 때문에 제대로 설명해 주지 않을 경우에 의료기관에 방문하면서 혼란만 가중될 수밖에 없다. 좋은 손해사정사는 이러한 서류를 챙기는 점에서부터 의뢰인과 소통이 명확하다.

가끔 손해사정사가 아닌 사람이 손해사정사라고 행세를 하는 경우가 있다. 손해사정사는 국가 전문자격사라고 할 수 있다. 보험전문가, 손해사정전문가 등 애매한 용어로 손해사정사인 척하는 불법가들이 있다. 이런 사람을 구별하기 위해서는 금융위원회에 등록된 손해사정사인지 확인해 보아야 한다.

진짜 손해사정사인지 검색하기 위해서는 금융감독원 홈페이지에서 업무자료를 클릭하여 보험전문인 등록 여부 조회를 클릭하면 된다.

등록 여부 조회 코너에서 성명에 해당 손해사정사의 이름을 치면 금융위에 등록된 진짜 손해사정사인지 단번에 알 수 있다.

손해사정사를 선임하기 전에 반드시 그 사람이 손해사정사가 정말 맞는지 검색해 보고 확인하여 진행하는 것이 중요하다.

[인사이트] 손해사정사, 그래서 그들은 누군데? (곽상빈 손해사정사)

손해사정사, 그들이 알고 싶다

손해사정사는 보험사고가 발생하게 되면 손해액과 보험금을 산정하여 피보험자의 보험금 청구를 도와주고 보험회사의 보상금 지급 절차에 관여하는 역할을 한다. 손해사정사는 보험사에 소속된 손해사정사와 손해사정법인 또는 사무소를 개업한 독립손해사정사로 분류되어 활동하게 되는데 보험사에서는 일정 인원 이상 선발해야 하는 의무가 있다. 보험계리사는 보험에 가입할 때 필수적인 가격인 보험료를 산정하는 역할을 한다면 손해사정사는 보험사고가 발생했을 때 보험사가 지급하는 금액인 보험금을 산정하는 역할을 하여 두 전문직 모두 보험 산업에는 꼭 필요한 직종이다.

손해사정사는 2014년부터 1~5종을 재물손해사정사, 차량손해사정사, 신체손해사정사로 통합하여 세 가지 종류로 분류하였다. 재물손해사정사는 화재보험, 해상보험, 책임보험, 기술보험 등의 손해액을 산정하고 그 클레임을 처리하는 역할을 수행한다. 차량손해사정사는 자동차 사고가 발생했을 때 차량이나 그와 관련된 재산상의 손해를 산정하는 역할을 수행한다. 신체손해사정사는 각종 보험사고로 인하여 사람의 신체에 손해가 발생한 경우 그 신체와 관련한 손해를 산정하는 역할을 수행한다. 이 세 가지 손해사정사 중에서 가장 인기가 많은 것이 신체손해사정사이며 선발인원도 320명으로 가장 많다. 신체에 대한 손해보험이 가장 대중적이고 사건도 많기 때문이다.

손해사정사는 보험사고가 발생하면 현장조사를 하고 손해 사실을 확인한 후 손해의 정도를 파악한다. 또한 보험금을 산정하기 전에 보상 청구가 적법한지, 그 금액은 대략 어디까지인지 관련 판례나 법규를 보고 판단하게 된다. 변호사와는 달리 소송까지는 대리할 수 없으나 구체적인 보상금 산정과 실무에는 더 근접한 업무를 처리한다고 볼 수 있다. 손해사정사는 결국 보험사고와 관련된 여러 자료를 분석하여 얼마의 보험금을 지급하면 될지 산정하고 관련 서류를 작성하고 보고하는 직업이라고 볼 수 있다.

손해사정사는 보험사고 발생 시 손해액 및 보험금의 산정업무를 전문적으로 수행하는 사람으로서, 보험계약자나 피해자의 권익이 침해받지 않도록 보험사고 발생 시 객관적이고 공정하게 손해액 및 보험금을 산정하는 업무를 하는 전문직인 것이다. 구체적으로는 피해자와 보험회사 간에 체결된 보험계약 약관을 분석하고, 사고 발생의 정확한 원인을 파악하는 데 필요한 각종 자료를 조사하며, 보험가입자의 보상 청구 타당성과 절차상의 문제점이 없는지를 확인한다. 또한, 청구된 보험금이 적절한지를 알아보기 위하여 이전의 사례와 보험처리 관례 및 판례 등을 살펴보는 것은 물론이고 경우에 따라서는 변호사에게 법률자문을 구하기도 하여 적정한 보상 범위를 결정한 다음 이를 의뢰자에게 제공하게 된다.

손해사정사는 업무 영역에 따라 재물손해사정사, 차량손해사정사, 신체손해사정사로 구분되며, 관련 자격증 전부를 취득하게 되면 종합손해사정사로서 업무 영역의 구분 없이 업무를 처리할 수 있다.

제4장

'손해사정어'를 쓰는 자, 보험금 전쟁의 승률을 높인다

'손해사정어'라는 말이 무엇일까? 예를 한번 들어보자. 공사 현장에서 일하는 사람이 시끄러운 현장에서 필요한 공구가 있는 경우 OOO씨 거기 있는 조절 렌치 좀 주겠나라고 표현하는 것을 본 적 있는가? 대부분의 공사 현장 현직자들은 이 얘기를 듣는다면 웃음을 짓게 될 것이다. 시끄러운 현장에서는 이렇게 길게 얘기하게 되면 의사소통이 어려울 뿐 아니라, 업무의 효율도 떨어지기 때문이다.

서로에게 필요한 말만 간단명료하게 하면, 서로의 일에 집중할 수 있고 일의 해결을 더 빨리할 수 있다. 따라서 공사 현장에서는 몽키(스페너) 이 한마디면 된다.

이렇게 각자의 업무에 종사하는 자들의 경우 자신들끼리 사용하는 언어가 있으며, 그 언어를 사용함으로써 쉽게 말해 '아마추어' 티를 내지 않을 수 있다. 즉 그 사람이 하고자 하는 말이, 보다 '힘 있는 말'이 되는 것이다.

손해사정사어가 존재할까?

손해사정사들은 손해발생의 사실을 확인하고 그에 대한 법률 및 약관을 검토하여 '손해사정서'를 보험사에 제출하게 된다. 그 과정에 있어, 보험사, 피보험자, 피해자, 증인, 공공기관과의 의사소통은 불가항력적인 업무가 된다.

이러한 업무를 함에 있어서, 현장 인부의 몽키(스페너)라는 말과 같이 간단명료하게 얘기할 수 있는 단어 중 대표적인 것으로는 손해사정금액이 있다. 물론 보험업 종사자가 아닌 경우 또는 교통사고의 경험자분들의 경우는 이를 쉽게 합의금이라고 표현하기도 한다.

하지만, 손해사정사들의 경우에는 손해사정금액이라는 표현을 더 많이 쓰고, 보험사와의 대화에 있어서도 합의금이라는 단어는 잘 쓰지 않고 있다. 이러한 단어를 사용함으로써 자연스럽게 나오는 단어로는 장해지급(률), 장해기간 등이 있을 것이다.

업무를 함에 있어, 미리 보험회사 또는 금융감독원 등에 민원을 넣은 경험이 있는 분들의 의견서 등을 본다면, 위에 얘기한 손해사정사어를 찾아보기는 힘들고, 해당 보험금 부지급에 대한 감정호소가 대부분인 것은 사실이다.

감정호소를 한다고 하여 부지급 된 보험금을 다시 지급받을 수 있게 될까? 전혀 아니라고 대답할 수 있다. 보험회사는 사기업이다. 절대 개인의 감정호소에 응해주지 않는다.

보험회사에서 보험금을 주지 않으려는 이유

이에 대해서는 가장 민감한 부분이기도 할 것이다. 보험은 보험회사가 피보험자로부터 받은 보험료로 보험사고 발생 시 피보험자에게 보험금을 지급함으로써 피보험자의 위험을 보험회사에 전가시키는 제도이다.

예를 한번 들어보자. 한 환자는 눈앞이 침침하여 치료 목적으로 백내장 수술을 받게 되었고, 해당 수술을 함으로써 발생한 수술비용과 입원 의료 실비를 청구하였다. 그러자 보험회사는 그 수술이 치료 목적에 해당하지 않으며 입원이 필요한 수술 역시 아니었음을 근거로 보험금을 부지급하게 된다.

이런 경우 실비보험의 본래 취지인 '치료 목적으로 발생한 비용을 보상한다'는 부분에 위배되는 것이 아닌가? 라고 생각할 것이다.

항상 손해사정사로 일할 때 이러한 경우를 많이 보게 되는데, 그때마다 드는 생각은 언제나 동일하다. '보험회사는 영리를 목적으로 하는 사기업이다.' 모든 회사는 직원을 채용하고, 직원에게 월급을 주는 이유가 무엇일까? 생각해 보면 모두 알 것이다.

정답은 '회사의 이윤'이다. 보험회사도 이와 같다. 보험회사 직원은 보험금을 막무가내로 지급할 수 없고, 치료비용이 발생한 부분에 대해서 정당하게 치료 목적으로 발생한 비용인지, 면책 사항에 해당하는 것인지, 보험계약이 정당한 보험계약이었는지 등을 검토하고 보험금 누수를 막는 역할을 한다. 보험금 누수를 막아야 다른 피보험자들의 정당한 권리를 지킬 수 있기 때문이다.

예를 들면, 학교에서 우유 배식을 하는 경우 한 반에 학우가 30명이라면 그 30명은 모두 우유 배식에 대한 비용을 지불하였을 것이며, 그 비용은 한 학우 당 한 개씩 먹을 수 있는 금액일 것이다.

하지만, 여기서 한 명이라도 두 개를 먹게 되면 30명 중 한 명은 우유를 못 먹게 되는 것이고, 두 명이 두 개씩 먹게 되면 30명 중 두 명은 우유를 못 먹게 되는 것이다.

우유를 못 먹는 학우의 입장에서 생각해 보면 매우 억울하지 않겠는가? 그래서, 항상 학교 선생님들은 우유 당번을 뽑는다. 이 우유 당번은 한 명에게 한 개씩의 우유를 분배한다. 그로 인해 우유의 비용을 낸 학우들이 정당하게 우유를 한 개씩 먹을 수 있는 것이다.

이와 같다고 보면 된다. 보험회사의 직원은 보험에 가입한 피보험자의 치료 경위와, 치료 목적 등을 감안하여 그가 정당하게 보험금을 지급받을 수 있는 환자인지 판단하게 되는 우유 당번, 즉 문지기 역할이라고 보면 될 것이다.

30개의 우윳값을 받고, 40개 ~ 50개의 우유를 분배하게 된다면, 이 학교는 자금이 부족해지며 유지될 수 없을 것이다.

그렇다면 이 학교에 다니고 있는 학우들은 졸지에 학교를 그만둬야 하며, 자신이 낸 우윳값도 못 받게 되는 것이다.

우윳값을 낸 학우들마저도 불이익을 보는 상황이다. 그렇다면 이익을 본 것은 누구인가? 우유를 두 개, 세 개 가져간 사람일 것이다. 이러한 상황을, 우윳값을 낸 당신이라면 지켜만 볼 것인가?

보험회사에게 해야 하는 말

보험회사에 보험금을 청구하게 되는 경우 피보험자 또는 피해자는 어떠한 말을 해야 좋은 영향을 받을 수 있을 것인가?' 이러한 질문에 대한 답을 하기 전에 과연 피보험자 또는 피해자가 정당한 권리를 행사할 수 있도록 좋은 영향을 줄 수 있는 말이 따로 있겠는가, 라는 생각이 한편으로는 들기도 한다.

하지만, 이 4장의 주제와 같이 '손해사정어'에 대해서 설명을 하고자 하며, '지피지기면 백전백승'이라는 말이 있고, 적어도 이 책을 읽은 독자들은 보험에 대해 전혀 모르는 아마추어처럼 보이면 안 되기 때문이다

1) 의학적 근거가 있는 힘 있는 말

보험회사와 보험금 청구권자는 전화를 통해 현장심사가 필요하다는 말을 들으면 이에 대해 반감이 생길 것이고, 그들을 향해 이렇게 많이 얘기할 것이다. '내가 치료받기 위해서 한 수술이지! ' 혹은 '치료이지'라고 말이다.

어린아이가 부모님에게 떼를 쓰며 '태블릿 PC를 사 줘'라고 한다면 사 주는 부모님도 있을 것이긴 하나, 그와 달리 사 주지 않는 부모님도 있을 것이다.

하지만 상황을 다르게 "엄마, 아빠, 지금 학교에서 태블릿 PC로 수업을 하는데, 반 학우 중 저만 가지고 있지 않아서 그 수업 진도를 따라가기 어렵고, 학우들과의 자료 공유에 있어서도 어려움이 있습니다. 또 태블릿 PC를 사서 공부한다면 공부의 효율이 올라갈 것입니다. 성적이 무조건 오른다는 확신은 없지만, 공부를 좀 더 효율적으로 하여 꼭 향상할 수 있도록 노력할 테니 태블릿 PC를 사 주세요." 라고 한다면 거절할 부모가 있겠는가? 필자는 전혀 없으리라고 생각한다.

보험금 청구 시에도 이와 같다. 하지만, 보험소비자의 경우 보험회사를 상대로 의학적 지식을 뽐내기에 많은 어려움이 있는 것도 사실이다. 따라서, 해당 주치의 선생님을 찾아가, 소견서를 받는다든지,

해당 치료에 대한 의학적 근거가 될 수 있는 서류들을 미리 준비하고, 이를 근거로 보험금 청구를 하는 것이 도움이 될 것이다.

2) 보험약관의 근거가 있는 힘 있는 말

의학적 근거도 중요하지만, 보험사와 피보험자 또는 피해자가 가장 먼저 약정한 보험약관의 근거가 있는 말이 중요하다.

보험약관은 시대가 흘러가는 것에 맞추어 항상 변화하기 마련이다. 예를 들면 과거에 가입한 실비보험의 경우에는 보장범위가 현재에 비하여 포괄적이고, 자기 부담금이 적으나, 현재인 2023년에 가입한 실비보험의 경우 보장범위가 더욱 세밀해졌고, 자기 부담금이 과거에 비해 증가하였다.

이와 같이 자신이 가입한 보험약관에 따라서 보험사의 보장범위가 달라지기 때문에 보험약관을 가장 먼저 파악하는 것이 중요하다. 보험회사에서 알아서 적용을 해 주겠지, 라고 생각한다면 큰 오산이다.

예를 들어 '비침윤성 방광암'을 예로 들어보자. 한국표준질병사인분류표 4차의 경우 비침윤성 방광암을 암으로 볼 수 있다. 하지만 한국표준질병사인분류표 4차 이후인 5차~8차의 경우 비침윤성 방광암은 경계성 종양으로 분류하고 있다.

이 말은 즉, 4차의 KCD 적용을 받는 보험약관이라면 암 보험금이 지급되는 것이며, 4차 이후의 KCD 적용을 받는 보험약관이라면 암 보험금을 지급받을 수 없는 것이다.

하지만, 4차 KCD 적용을 받는 보험약관이라고 하더라도, 일부 보험사에서는 진단 당시에는 4차 이후의 KCD 적용을 받음에 따라 보험금을 지급할 수 없다고 한 보험사도 존재했던 경험이 있다. 따라서, 다시 한번 약관을 근거로 하는 말이 중요하다는 것을 강조할 수 있다.

3) 판례의 근거가 있는 힘 있는 말

의학적 근거도, 약관 근거도 중요하지만, 세 번째로 중요한 것은 판례 등의 법률 근거이다. 모든 법과 약관은 만들 당시에는 몰랐으나, 사용하게 됨에 따라 해석하는 방향이 다양하기 때문에 많은 법률적 판단이 필요한 상황을 마주하게 된다.

보험약관도 그러하다. 한 문구에도 다의적 해석이 가능하고, 신의료기술이 발달함에 따라 이것을 수술로 볼지, 보지 않을지 대한 다양한 해석이 가능하다.

이러한 애매한 기준에 대한 법률적인 근거인 판례가 중요하다. 모든 상황에 있어 판례를 근거로 주장할 수 없는 것은 사실이나, 분쟁이 되는 부분은 판례를 참조하여 유리한 상황으로 이끌어 갈 수 있다.

따라서, 분쟁이 발생하거나, 보험금 청구를 하게 되는 경우 판례 등의 법률적인 근거를 베이스로 깔고 하는 말은 더욱더 힘이 있는 말이 될 것이다.

보험회사에 해서는 안 되는 말

1. 솔직한 것이 마냥 도움은 되지 않는다.

보험회사에 보험금을 청구하게 되는 경우 유선 업무를 통해 심사자와 대면하는 경우도 있지만, 현장조사를 통해 보험금 심사를 하는 경우도 있다. 현장조사가 시작되는 경우 위탁손해사정업체의 현장조사자는 당신에게 많은 질문을 할 것이다.

현장조사자가 많은 질문을 하게 될 때 솔직하게 말하는 당신, 과연 이 솔직함이 자신에게 도움이 될 것인가? 물론 아니라고 얘기할 수 있다. 보험금 청구 시 현장조사자가 배정되었다는 것은 질병 진단에 대한 진단적정성 심사, 보험 가입 후 3년 이내 보험금 청구가 발생한 경우, 직업급수에 대한 확인, 부담보 해제 등의 건이 있을 것이다. 이에 대한 질의를 받게 될 것이며, 보험금 청구 해당 병원 외에 환자의 과거 병력에 대한 조사도 이루어지게 될 것이다.

물론 보험계약은 신의성실의 원칙에 따라 보험 가입 당시 보험회사에 환자 본인의 몸 상태에 대해서 정확하게 고지를 해야 할 '계약 전 알릴 의무'가 있다.

하지만, 보험가입자 또는 소비자의 입장에서 생각을 해보면 나이가 많은 보험소비자의 경우 모든 것을 기억하기 힘들고, 부실고지가 발생하게 된다. 물론, 대법원 판례 등에는 부실고지에 대해 고의 또는 중과실이 있는 경우에 한하여 보험 가입 당시 사실대로 고지하지 않은 사항이 있다고 한다면, 보험계약을 해지할 수 있다고 규정하고 있다. 그 말은 즉, 고의 또는 중과실이 없이 부실고지를 하였다면 보험계약을 해지할 수 없다는 말이 된다.

다시 한번 돌아가, 고령의 보험소비자가 기억력 감퇴로 인하여 부실고지를 한 경우 이에 대해 보험금 청구 이력이 확인되어 보험금 현장심사를 하게 되었다고 가정해 보자. 현장조사자는 소비자의 과거 병력을 조사하여 보험계약을 해지하게 되면 일부 인센티브를 받는 경우도 있다.

또 다시 한번 처음으로 돌아가 보자, 계약이 해지될 위험이 있는 소비자의 경우 과연 솔직하게 말하는 것이 아직도 정답이라고 생각하는가? 그 솔직함에 현장조사자와 보험회사는 계약을 해지하고, 실제 해지되는 경우 인센티브를 받게 된다. 과연 당신이 미래에 다가올 위험에 대비하여 가입한 보험계약이 중요한가? 아니면, 보험심사자와 현장조사자의 인센티브가 중요한가? 다시 한번 생각해 보는 것이 중요하고, 전문가와 상담하는 것이 중요하다.

2. 의료자문 동의, 타 병원의 동의서 위임장.

현장조사가 시행되는 경우 현장조사자는 보험소비자와 대면하여 문답서 등을 작성하고 의무기록 열람 동의 및 위임장, 의료자문 동의서 등의 서류들에 보험소비자의 자필 서명을 받아 가게 된다.

이때, 보험소비자는 해당 서류가 어떠한 서류인지 잘 모를 것이다. 나였어도 보험에 대한 지식과 경험이 없었다면 당연하게 모를 수밖에 없는 부분이다. 하지만, 현장조사자 및 보험회사의 직원의 경우에는 이를 당연히 알 것이라고 생각하고, 자세하게 설명하지 않는 경우도 비일비재하다. 게다가 이러한 보험소비자를 하루에 6~7명을 만나야 하므로, 다음 일정 소화를 위해 그 자리를 빨리 벗어나려고 할 것이다.

의무기록 열람 동의 및 위임장은 보험소비자가 청구한 해당 병원의 기록 외에 다른 병원의 과거 기록 등을 확인하기 위해 여러 장을 요구할 것이다. 이에 대해 어떤 병원을 갈 것인지, 어떤 과의 진료기록이 필요한 것인지 등 자세하게 물어보지 않으면 자신의 개인정보를 보험회사에 스스로 제공하는 꼴이 된다.

금번 보험금 청구 건 외에 타인에게 알리고 싶지 않은 본인의 신체적 결함마저도 보험회사는 일일이 알게 되는 것이다. 그럼에도 보험소비자에게 따로 말을 하지 않고 해당 자료로 보험금 심사가 진행된다.

의료자문 동의서는 보험소비자가 청구한 질병 또는 상해에 대해서 자신을 치료한 주치의가 아닌 의료자문 업체에 위탁한 다음 의료자문 업체가 의사를 컨택하여 의무기록 및 CD를 통해서 보험소비자의 몸 상태에 대한 의학적 소견을 받는 것이다. 하지만, 이게 맞는 것인가, 예를 들어 본다면 사지마비 환자의 경우 MMT 검사를 하게 될 시 수동

적 운동범위를 통해 측정을 하는 것이 많으며, 그로 인해 환자의 상태에 비하여 좋은 결과로 의무기록지에 기재되게 된다. 실제 몸 상태보다 좋게 기재된 의무기록지'만'을 보고 환자의 상태를 평가한다는 것이 맞는 것인가? 이는 모든 독자가 읽어 본다면 화가 날 일이며, 수긍할 수 없을 것이다.

하지만, 보험회사에서는 의료자문을 통해 보험금의 삭감 또는 부지급을 통보하게 된다. 또한, 보험회사는 의료자문 업체에 비용을 지불하게 되며, 그러한 비용을 받는 의료자문 업체는 보험회사의 니즈에 맞춰서 결과를 내주게 되고, 해당 소견을 작성한 의사의 신상정보 또한 밝히지 않는다. 과연 이것이 정당한 보험금 심사라고 표현할 수 있는가? 필자는 절대적으로 불공정한 심사라고 생각한다. 해당 유사한 건으로 뉴스에도 보도된 적이 있다. 유령자문회사. 의료자문에 대해서 잘 알지 못하는 독자들에게 다시 한번 묻고 싶다. 당신은 이러한 의료자문업체에 당신의 의무기록지를 근거로 소견을 받고 싶은가?

3. 감정호소

이전에도 말했듯이 보험회사는 항상 많은 보험소비자와 마주치게 되며, 다수의 심사를 하게 된다. 물론 보험소비자는 처음 보험금을 청구하는 것이지만, 보험회사의 입장에서는 항상 일어나는 일이며, 그것이 주 업무인 셈이다.

이렇게 보상에 대한 전문 지식을 가진 보험회사를 상대로 감정호소를 한다고 하여 보험 소비자가 얻을 수 있는 이득이 있겠는가? 전혀 없다. 보험금은 돈이다. 돈 앞에 감정호소는 절대적으로 좋은 영향을 줄 수 있는 요소가 아니다. 보험소비자는 감정호소가 아닌 전문적인 보험 지식과 해당 질병 및 상해에 대한 객관적인 자료로 얘기해야 하는 것이다. 비록 보상 지식이 부족한 보험소비자에게 다소 어려움이 있는 것도 사실이나, 그렇다고 하여 단지 감정호소 하나로 해결할 수 있는 문제는 없다.

독립손해사정사를 추천하는 이유

1. 보상 지식의 부족함

앞서 말했듯이 일반 보험소비자는 보험회사보다 보험적인 지식이 부족하다. 대학교의 교수님과 학생이 한 주제로 대화를 하게 되는 경우 학생은 교수님을 지식으로 이길 수 없다. 학생이 미리 준비한 자료를 토대로 자신이 원하는 바를 교수님께 주장한다고 하더라도, 해당 분야에 전문적인 지식을 가지고 있는 교수님을 논리로 설득하는 것이 과연 쉽겠는가? 여기에 돈까지 엮여 있다면, 그것은 더욱더 어려워질 것이다.

이와 같다. 보험적인 지식이 부족한 보험소비자가 보험회사를 상대로 본인의 의견 및 요구사항을 제대로 펼칠 수 있는 확률은 적다. 당신은 이 적은 확률만으로 당신의 보험금을 보전할 수 있겠는가? 당연히 어려운 일이며, 이를 위해 독립손해사정사가 필요한 것이다.

2. 경험의 중요성

모든 전문 직종에 종사하는 자들은 이론과 실무가 다르다는 것을 알고 있을 것이다. 이론적으로는 해결할 수 없는 문제가 실무적으로는 이론적 방향과 달리 다른 방향으로 해결되기도 한다. 독립손해사정사도 그러하다고 얘기할 수 있다. 보험약관에 의하면 보험금을 지급받지 못하는 경우도, 판례, 질병에 대한 논문 등의 객관적인 자료를 토대로 보험금을 지급받을 수 있는 경우도 많기 때문이다. 이러한 경험이 있는 독립손해사정사를 만나서 보험소비자의 권리를 행사해야 한다.

3. 일석이조

보험금은 십만 원부터 억 단위까지 다양한 진단금, 수술비 등의 담보가 있다. 이러한 보험금 관련된 문제에 대해서 환자 본인이 혼자 해결하고자 한다면 돈도 시간도 낭비될 가능성이 높다.

자신이 원래대로라면 받을 수 있는 돈을 못 받게 된다는 상황에 직면한다면 다른 일은 제쳐 두고 이 일에 집중하게 될 것이다. 그러느라 본인의 업무를 하지 못하여 많은 것을 놓치게 되고, 보험금마저 받지 못하게 되면 많이 억울한 상황이 펼쳐질 것이다.

이러한 문제를 전문가인 독립손해사정사에게 위임하여 본인의 일과, 보험금 문제까지 해결한다면 이는 일석이조다. 물론 보험금 수령 확률도 올라가게 되는 것이다.

당신, 아직도 직접 해결하겠는가?

상기 이유 외에도 독립손해사정사를 선임하여야 하는 많은 이유가 있다. 하지만 위의 이유만으로도 충분히 독립손해사정사를 선임해야 한다는 생각을 하게 될 것이다. 독립손해사정사는 보험소비자의 편에 서서 보험사로부터 보험소비자가 정당한 권리를 보전할 수 있도록 일하는 사람들이다. 물론, 보험소비자의 권리를 당연하게 누릴 수 있음에도 불구하고 그러하지 못하는 상황이 있을 수밖에 없다. 보험회사의 횡포에서 이제는 벗어나야 한다.

[손해사정사 인사이트] 모르면 손해, 모르면 손해사정 (홍진영 손해사정사)

세상 모든 일을 진행할 때 남들보다 '모르면 손해'인 상황이 있듯이, 보험 지식이 부족하여 보험을 '모르면 손해사정'이라는 슬로건을 내세우며 일을 하고자 한다.

평범한 중고등학교에서 평범한 성적으로 대학교에 진학하고, 전공을 살려 취업한 자동차 제조업에서 근무하였다. 하지만, 사람들과 어울리며 소통하는 것을 좋아하고, 어려운 문제를 풀어나가는 것을 좋아하는 성격 탓에 다른 직업을 찾게 되었고, 나의 성격과 맞고 돈을 많이 벌 수 있는 직업이 무엇이 있을까를 먼저 생각하게 되었다. 처음 '보험업'이라는 것에 대해서 많은 반감이 있던 나에게 손해사정사라는 직업 선택에 있어 많은 걱정이 앞선 것은 사실이다. 하지만, 손해사정사의 정확한 업무를 조사해 보고 난 후에는 보험소비자의 편에 서서 보험회사를 상대로 정당한 보험금을 수령할 수 있도록 도와주는 일을 하는 사람임을 알게 되었다. 이 얼마나 좋고 뿌듯한 성취감까지 얻을 수 있는 직업이란 말인가.

손해사정사로 일하면서 보험소비자들 대부분은 보험회사에서 알아서 보험금을 주는 것 아닌가? 라고 생각하는 사실을 많이 접해 보았고, 그에 대한 답변은 항상 똑같이 말씀드리고 있다. '보험회사는 사기업이고, 사기업은 영리를 추구하는 회사이다' 예를 들어 골절사고가 발생하게 되는 경우 보험금액이 작은 골절진단비, 입원비 등의 정액보험, 실비보험의 경우는 보험회사에서 알아서 주는 것이 맞다. 하지만 '후유장해 보험금'은 보험회사에서 안내조차 하지 않으며 이에 대해서 설명 또한 해 주지 않는다.

후유장해 보험금의 담보로 보험료를 내고 있는 당신은 이 보험금에 대해서 몰랐다면 평생 받지 못하고 지나갔던 것이다. 또한, 이 말고도 수많은 페이지의 개인보험 보험약관, 자동차 보험약관, 화재보험의 약관 등등은 보험소비자로서 익숙하지 않은 용어들이며 여전히 이해하기에도 어렵다.

이 글을 읽은 당신은 아직도 보험회사가 알아서 보험금을 주는 회사라고 생각할 것인가? 적어도 이 글을 읽은 당신만큼은 그렇게 생각하지 않고 손해사정사를 선임하여 소비자의 권리를 정당하게 보전할 것을 적극 권고한다.

제5장

손해사정사를 잘 사용하면 10년을 앞서간다

• 카더라 통신이 정말로 사람 잡는다

'카더라 통신'이라는 단어가 있다. 출처가 명확하지 않고 신뢰도가 낮은 정보나 자료가 사실인 것처럼 소문이 퍼진다는 경상도 사투리를 이용한 신조어이다. 우리는 이러한 카더라 통신을 정치, 경제, 사회, 연예, 스포츠 분야에서 ~라 카더라, ~라 하더라, ~아니면 말고라는 식으로 많이 봐왔다. 이러한 카더라 정보는 때로는 사실로 드러나기도 하지만, 정확한 근거 없이 퍼져 누군가에게는 큰 피해를 입히기도 한다. 본인의 재산(돈)과 결부되는 손해사정 영역에도 이 카더라 통신이 적용된다.

주변의 수많은 카더라 통신들의 존재

보험금을 받으려고 준비하는 상황을 가정해 보자. 어떤 서류가 필요한지, 얼마만큼의 보험금을 받을 수 있는지, 보험금을 받는 것에 문제가 없는지 등등 생소한 분야에서 궁금증을 해소하기 위해 정보를 알아보기 시작한다. 보험금을 주는 보험회사에 물어보면 될 텐데, 보험회사는 최대한 보험금을 덜 주려고 하다 보니 신뢰할 수 없다. 그래서 찾아보는 방법이 주변 사람들에게 묻는 경우이다. 물론 이 방법으로 정확한 정보를 전달받아 궁금증이 해소되고 보험금 지급까지의 문제가 해결된다면 참 다행이다. 하지만 주변의 지인, 병원 관계자, 보험설계사 중에 정확하지 않은 내용을 알려 주는 경우가 수두룩하다. 보상이 돈과 연관되어 있기에 유리한 쪽으로 말해 주는 사람의 말에 더 집중할 수밖에 없다. 하지만 필자는 잘못된 정보를 습득하여 보험금을 받지 못한 경우부터 보험사기에 적용되고 소송을 당했다며 하소연하는 분들도 보았다. 보험회사에서 보험금을 못 준다든지, 덜 준다든지 같은 결과가 정해져 있는 상황에서는 도움받을 방법이 처음 단계보다 훨씬 적고 어렵고 대부분 비용까지 많이 발생한다. 과거에 비해 보험소비자들도 똑똑해졌고, 각종 매체에도 보험 관련 콘텐츠가 많아졌지만, 주변에 독립손해사정사를 찾아서 간단한 상담이라도 받아보자. 한 사람의 이야기를 듣고 맹신한다면, 그 피해는 본인의 몫이다.

손해사정사의 카더라 통신을 피해가지 못한다

손해사정사는 일반 보험소비자보다 보험 관련된 보상과 분쟁에 대한 방향을 정하고 해결하는 데 능숙한 전문가이다. 특히, 보상절차가 진행되었을 때 현업에서 쓰이는 용어나 표현을 명확히 구분하기에 보험회사 담당자나 관련된 관공서, 병원 등과 이야기를 나눌 때도 내용이 잘못 전달될 가능성이 현저히 낮다. 그러나 일반인보다 낫다고 하여 모든 보험업무를 정확히 알거나 처리하는 것은 아니다. 보험종목과 사고유형에 따라 해당 사례에 대한 경험이 부족한 손해사정사도 때때로 카더라 통신이 되기도 한다.

나 역시 대학 졸업 후 손해사정만 계속 해 오면서도 경험해 보지 못한 분야가 있고, 특정 분야는 앞으로도 접할 가능성이 현저히 낮다. 필자의 경우 신체에 대한 사고로 인한 질병, 상해에 대해 전문가이지만 일상에서 흔히 접하는 일상배상책임에서 누수, TV파손, 화재사고의 경우 이해도가 떨어지기 때문에 아는 척하는 순간 카더라 통신이 될 수도 있다. 이 내용은 전문직 분야에서뿐만 아니라 모든 삶에서 당연히 발생하는 일이다. 그렇기 때문에 본인이 처한 상황을 어느 정도 파악하고 전문가에게 묻되, 상대방이 진짜 그 분야에서의 전문가인지 검증하는 것이 필요하다. 화재사고로 집이 불탔는데 신체보상 전문가를 찾고, 사람이 아픈데 화재보험 전문가를 만난다면 어떠한가?

나에게 맞는 전문가를 찾기 위한 권고

연인과 데이트 준비를 하며 유명한 맛집에 갔는데, 실망했던 경험이 있었는가? 블로그 후기만 믿고 갔는데 분위기와 맛, 서비스가 생각보다 너무 차이가 나서 아쉬웠던 경험이 분명히 있을 것이다. 그런데 이런 맛집과 다르게 손해사정의 보험금 보상에서는 '맛없는데 다음에 다시 오지 말아야겠다.'가 아니다. 보험사고는 단골손님의 개념이 있을 수가 없을뿐더러 내가 원해서 아프거나 다친 것도 아니고, 한 번 보상받으면 보통은 더 이상 받을 수 없다. 그렇기 때문에 중대한 상황일수록 나에게 맞는 전문가를 신중하게 선택하여 만나는 것이 중요하다. 좋은 손해사정사를 만나는 방법에 대해서는 다른 챕터에서 기술하고, 손해사정사라는 전문가도 모든 보험 분야에서 전문가가 아닐 수 있으므로 내 상황에 맞는 손해사정사를 찾기 위한 노력이 필요하다는 것을 알아 두자. 만약 당신의 전문가가 어떤 분야이든지 자신있다고 자부한다면 일단 의심해 볼 필요가 있다.

• 보험사고가 나자마자 만나야 한다

보험금 보상을 위한 보험금 적정성 평가는 여러 가지 단계로 체계적으로 이뤄진다. 보험 가입 이전 건강 상태에 이상은 없었는지, 이번 사고로 인한 치료의 발생임이 합당한지, 보험금 지급에 적절한 진단이 맞는지 등 보험금의 지급까지는 생각보다 많은 절차와 검토를 토대로 최종적으로 결정된다. 특히 보험금이 클수록 이러한 단계가 촘촘하고 보험회사에서는 최대한 보험금이 나가지 않도록 검토를 할 것이다. 또한 보험회사는 보험금을 지급하기 위해 조사를 진행한다고 말할 것이다. 잘못된 보험금이 일단 지급된다면, 보험회사에서 고객으로부터 그것을 돌려받기까지 많은 시간과 비용이 소요되기에 신중하게 심사가 진행된다.

보험금 지급을 위한 현장심사가 진행됩니다

상당수의 보험금 청구에서는 문제없이 보험금이 지급된다. 하지만, 또 상당수의 경우 보험금이 그냥 지급되지 않고 보험회사에서 조사를 시작한다. 보험료를 받을 때는 즉시 출금이 되지만, 보험금을 줄 때는 현장심사를 꼭 진행하여 돈을 받을 때까지의 시간이 오래 걸리곤 한다. 이때 보험회사에서 나온 조사자가 고객을 만나고 최대한 빨리 지급되도록 노력한다며 이런저런 서류를 요청하고 서명을 받아 심사 후 연락을 한다. 고객님 보험금 지급이 될 예정입니다. 이런 연락을 받았다면 문제가 없겠지만, 대부분 죄송합니다만, 이러한 사유 때문에 보험금 지급이 불가능합니다.라는 통보를 받는다. 이런 경우 무엇이 어디서부터 잘못된 것일까? 어떻게 했어야 이러한 문제를 겪지 않았을까?

우리가 청구하는 장기보험인 암진단금, 심장질환/뇌 질환 진단금, 사망보험금, 후유장해의 경우 보험회사에서 나갈 보험금이 적지 않다 보니, 최대한 지급되지 않도록 보험가입자의 문제점을 찾는 것이 현장심사(조사)라고 생각하면 쉽다. 보험 가입 이전에 보험회사에 알리지 않았던 내용이 있는지, 직업변경 이력이 있는지 등을 파악하고, 자체적 의료자문을 통해 해당 진단이 정확하고 치료가 꼭 필요했는지까지도 확인한 다음 보험회사 입맛에 맞춰 결과를 이끌어 낸다.

장기보험이 아닌, 교통사고나 배상책임 사고에서는 어떠한가? 이러한 사고에서는 담당자가 배정되면 손해배상 합의금을 받는 순간까지 연락을 한다. 합의금을 받기 전까지 충분한 고민과 결정을 할 수 있지만, 보험회사 직원이 보험금을 제대로 받을 수 있게 절대로 먼저 알려주는 내용은 없다. 보상 직전에 필요한 서류를 안내하고 피해 입증을 해 주면, 해당 내역을 형식적으로 검토하여 최대한 적은 금액으로 마무리하려고 노력한다.

지금 당장 손해사정사를 만나라

가장 안타까운 경우는 부정적인 결과가 나온 이후에 연락을 주신 보험소비자분들을 만날 때이다. 이런 경우, 결과물을 바꾸는 것이 돈과 시간 모두 배로 걸린다. 보험소비자들은 일생에 한 번 겪는 보험사고를 대기업인 보험회사에서는 해당 분야의 전문가 집단으로서 매일매일 다루고 있다. 따라서 보험금의 액수가 크다면 어떠한 꼬투리라도 잡으려 한다는 이야기를 주변에서도 많이 들었을 것이다.

100% 불가능한 경우임에도 무조건 소비자가 보험금을 지불받을 수 있도록 해내는 것이 손해사정사가 하는 일은 아니다. 하지만 불가능하다며 보험회사에서 지급하지 않은 보험금에 대해, 손해사정사는 보험약관부터 보험금 지급사유, 인과관계, 적정성 등을 검토하여 정상적인 보험금 지급이 이루어지기까지 합당한 손해사정 절차를 통해 업무를 진행한다. 이렇게 보험금이 최종적으로 나오지 않았던 상황은 물론, 보험금 청구 이전에 제대로 보험금 받을 수 있을까 걱정하는 단계, 보험금 지급 직전 제대로 된 손해액 평가의 여부를 확인하는 단계까지 가장 늦었을 때가 손해사정사를 만나기 최적의 타이밍이다.

실제로 손해사정사를 만나지 않고 혼자서 진행하다가 연락 주신 분들을 보면 작게는 불필요한 서류발급 비용과 시간 낭비부터, 크게는 손해사정사 수임 수수료를 넘어서는 액수의 숨은 보험금을 몰랐다거나, 교통사고 혹은 산업재해

관련 보장담보에 따른 억대의 보험금을 놓친 경우가 수두룩했다. 보험사고가 발생하면, 제발 손해사정사에게 상담만이라도 받아 봐서 호미로 막을 것을 가래로 막지 않았으면 좋겠다.

• 괜찮은 손해사정사를 알아 두는 것이 인생의 재산

자의든 타의든 우리나라의 거의 모든 국민이 적어도 보험 한 개 정도는 가입했지만, 내가 어떤 보험을 가입했고 얼마나 보장을 받는지 모르는 분들의 대다수이다. 게다가 보험을 가입시켜 준 설계사는 연락이 없거나 보험 일을 더 이상 하지 않는 경우가 너무 많다. 내가 내는 보험료는 상당하면서도 어떤 보상이 가능한지 모르고 살아간다. 정말 속상한 점은 보험금을 받아야 하는 상황이 생겼음에도 모르고 넘어가는 경우가 수두룩하다는 것이다. 이럴 때는 어떻게 해야 하는가?

보험금에 대한 전문가인 손해사정사가 있습니다

우리는 살면서 타인으로부터 많은 도움을 받고 살아간다. 매년 연말정산 때 복잡한 세금 문제를 해결하기 위해 인터넷도 찾고 유튜브도 확인하지만, 내 상황에 관련해서는 어떻게 적용해야 할지 모르기에 정확한 도움을 구하려 세무사와 상담을 받는다. 머리가 아파서 어떤 약이 필요한지 확인해 보고 편의점에서 구매하기도 하지만, 약국에 가서 증상을 말하고 적절한 약을 권유받는다. 이때 단순 두통이 아니라 독감 증세까지 있다면 약사님은 병원에 가 보는 것을 권유하며 정확한 진단부터 치료법까지 받는 것을 추천할 것이다. 자취방을 구할 때 주의해야 할 점을 검색해 가며 체크리스트를 만들어보면서도, 보증금이란 큰돈이 오가는 부동산계약에서 혹시 모를 전세 사기가 걱정되어 공인중개사분들을 찾아간다. 이처럼 우리 일상에서도 절세를 위한 세무사 상담, 치료를 위한 의사 선생님 진료, 부동산 거래를 위한 공인중개사와 같이 전문가를 만나 적합한 도움을 받는 경우가 상당히 많다.

마찬가지로 보험금은 보험회사에서 나오고, 이렇게 지급되는 보험금에 대해 검토를 했던 손해사정사가 여러분의 보험금에 대해서도 전문가이다. 보험금을 덜 주든 더 주든 그 이유와 방법에 대해 가장 정확히 알기에 분명히 손해사정사를 찾으면 도움을 받을 수 있을 것이다.

삶에서 치명적인 상황을 막아 주는 손해사정사

보험에 가입하지만 모든 사람이 보험금과 관련된 문제를 겪지는 않는다. 또한 대부분 몇만 원부터 수십만 원까지의 보험금으로는 특별한 분쟁의 사유가 없다. 그런데 만약 '내가 암에 진단되었다면?', '갑자기 사고로 다리가 절단되었다면?' 이와 같은 치명적인 상황을 고려해 보자. 후유장해, 진단금, 사망과 같은 일들은 겪어서도 안 되지만 살면서 자주 경험하는 일들이 전혀 아니다. 하지만 이러한 상황에 놓인다면 치료가 가장 중요한데, 지금 당장 들어가는 돈은 많지만 보험이 있으니 당연히 문제없겠지 생각을 했다가, 큰 보험금이 지급되지 않는다면 우리 삶에는 치명적인 상황이 야기될 것이다. 따라서 보험에 하나라도 가입한 사실이 있다면, 손해사정사 한 명쯤은 알아 두는 것을 추천한다. 그 손해사정사가 모든 것을 알진 못하더라도, 치명적인 상황을 피해갈 수 있도록 알려주리라는 건 확실하다.

• 손해사정사라고 다 같은 전문가인가?

우리가 어떤 일을 혼자서 해결하지 못하는 경우, 누군가의 도움을 찾게 된다. 주변의 숨은 고수를 찾아주는 '숨고' 같은 서비스도 있듯이, 내가 모르거나 못하는 분야가 있을 때 전문가의 도움을 받기 쉬운 세상이 되었다. 실제로 숨고에 들어가 보면, 각종 레슨부터 이벤트, 비즈니스, 디자인, 건강 등등 수많은 고수들이 숨어 있다. 하지만 여기서 다가 아니다. 디자인 전문가를 찾으면 프레젠테이션 전문가, 인쇄물 전문가, 앱 전문가, 패키지 전문가, 간판 전문가 등등 세분화된 전문분야가 따로 있다. 의사 선생님을 만나려고 해도 정형외과, 치과, 안과, 외과, 정신건강의학과, 내과, 소아과 등 분야가 세분화되어 있다는 점 역시 이해할 것이다.

전문가들의 전문가도 따로 있다

작은 마을의 보건소에 간다면, 공중보건의가 있다. 공중보건의 또한 의사 선생님으로 전문가이지만, 모든 분야의 전문가가 아니다. 특수과를 제외하고서, 지역별 배정된 자리를 채워가는데 규모가 작은 마을에는 한 명만 있다 보니 모든 진료가 완벽하게 가능한 것은 아니다. 대학병원에 가보면 방금 내과, 외과, 정형외과를 나눴던 것이 무색하게 정말 세세하게 구분된다. 호흡기, 순환기, 소화기, 혈액종양, 내분비대사, 알레르기, 신장 등 내과 내에서도 10개 이상의 세분화된 전공의가 있다. 또 각 과의 교수님마다 같은 분야 같지만 세부 전공이 상이하여 특화된 전문분야가 다르다. 이처럼 폐렴, 혈액암, 폐암같이 특수한 분야에서 최고 권위자인 교수님들 역시 기본적으로 단순 기침에 대한 구분법과 치료 방법에 대해서도 알고 계신다. 그러나 우리가 단순한 기침 증상이 있을 경우 무조건 이러한 최고 전문가를 찾을 필요까지는 없다고 생각한다. 반면 폐암에 진단되었는데 해당 치료를 위해 아무 의사를 만나서 치료받는 사람은 없다. 마찬가지로 의사 선생님도 대학병원에서 전문의를 찾아가라고 안내해 줄 것이다. 이렇듯 전문가도 사안에 따라 분야를 정밀하게 나눠 내가 필요한 전문가를 찾는 것이 필요하다.

손해사정사는 다 같은 손해사정사인가?

손해사정사 자격에는 크게 3가지 구분이 있다. 신체, 차량, 재물로 나뉘어 자격증을 구분하고 당연히 이에 따라 업무 분야가 나뉜다. 차량손해사정사의 경우 자동차사고에서 과실비율과 차량손해에 대한 손해액 평가를 한다. 재물손해사정사는 건물의 화재, 선박의 사고, 항공기 사고와 같은 분야에서 손해액 산정을 하며, 신체손해사정사는 사람이 아프거나 다쳤을 때의 업무를 다룬다. 대부분의 보험소비자들이 겪는 문제는 신체손해사정사가 다루는 분야가 압도적으로 많으며, 당연한 이야기를 또 하자면 신체 영역 내에서도 또 다양한 분야로 세분화된다. 장기보험이라고 부르는 보험에서는 암진단비, 심혈관/뇌혈관 진단금, 사망보험금, 후유장해, 실손의료비가 있고 일상배상책임보험이나 교통사고에서 자동차보험, 근로자재해보험 등의 분야가 있다. 실제로 필자의 주변 지인이 화장실 누수 때문에 일상배상책임보험을 사용하려 한다며 도움을 구했는데, 해당 분야에 대해 잘 몰라 전문 손해사정사를 따로 소개해 준 적이 있다.

시험방법 및 과목

구분	1차시험 재물	1차시험 차량	1차시험 신체
시험과목	• 보험업법 • 보험계약법(상법 중 보험편) • 손해사정이론 • 영어(공인시험으로 대체)	• 보험업법 • 보험계약법(상법 중 보험편) • 손해사정이론	• 보험업법 • 보험계약법(상법 중 보험편) • 손해사정이론
시험방법	선택형(객관식 4지선택형 택1)		
비고	재물손해사정사의 제1차시험과목 중 영어는 공인영어시험으로 대체됩니다 영어시험대체제도 ▸		

구분	2차시험 재물	2차시험 차량	2차시험 신체
시험과목	• 회계원리 • 해상보험의 이론과 실무(상법 해상편 포함) • 책임 화재 기술보험 등의 이론과 실무	• 자동차보험의 이론과 실무 (대물배상 및 차량손해) • 자동차 구조 및 정비이론과 실무	• 의학이론 • 책임보험 근로자재해보상보험의 이론과 실무 • 제3보험의 이론과 실무 • 자동차보험의 이론과 실무(대인배상 및 자기신체손해)
시험방법	논문형(약술형 또는 주관식 풀이형)		

(금융감독원 : 신체/차량/재물에 따라 공부 내용도 상이하다.)

당신의 손해사정사의 전문 분야는 무엇인가?

우리가 마트 푸드코트의 음식과 전문음식점 요리를 비교했을 때, 그 맛과 가격은 상당한 차이를 지니고 있다. 다만 어떤 음식을 먹어도 맛있기에 아쉽지만 우리들의 삶에서 식당을 잘못 고른다고 치명적인 결과가 생기지는 않는다. 하지만 보험금 분야에서 전문가를 만나지 못한다면 단순한 기호의 문제가 아니라 1만 원, 10만원 차이가 아닌 수백만 원부터 수천만 원의 보험금을 손해 보는 경우가 상당히 많다. 이때 소비자는 전문가에게 비용을 지불하고 선임하는데, 해당 손해사정사가 주로 처리하는 업무의 영역을 확인해 봐야 한다. 전문가의 자격증과 경력이 당신의 보험금에 막대한 영향을 줄 수밖에 없다. 단순히 가격 비교만으로 최저가 상품을 구매하는 공산품과 달리, 수수료만 비교해서 손해사정사를 고른다면 지식의 차이로 인한 손해는 본인이 감수해야 할 것이다.

필자 또한 손해사정사로 활동하면서 의뢰인을 위해 업무처리도 하지만 끊임없이 새로운 지식과 기법을 위해 세미나와 스터디에 참석하고 있다. 그렇다면 이렇게 배운 지식이 실제로 잘 모르는 분야의 손해사정에서 의뢰인을 위한 최선의 결과를 가져다줄 것인가? 그것에 대해서는 의문이기에 고객과 상담 후 상황에 맞는 전문분야를 가진 손해사정사를 추천해 주고 있다. 손해사정사를 만나야 할 일이 있다면 적어도 전문 세부 분야를 꼭 확인하고 상담을 받아보기를 추천한다.

• 손해사정사에게 맡기는 것이 비싼가?

필자 또한 최근에 부동산과 관련하여 법률적으로 궁금한 내용이 있어 물어볼 곳을 찾게 되었다. 하지만 수수료나 상담 비용이 걱정되어 미루기만 하고 있는 실정이다. 손해사정사 또한 의뢰인들로부터 상담과 수임 비용 걱정 때문에 어떻게 해야 할지 모르겠다는 이야기를 많이 들었다.

어차피 못 받은 보험금, 받게만 해 주세요

손해사정사를 선임하려는 의뢰인을 만났을 때 '어차피 못 받는 줄 알고 포기했었다. 억울해서라도 끝까지 해 보고 싶은데 보험에 대해 몰라서 전문가를 통해 진행하고 성공하면 보험금을 다 드리고 싶다.'라고 말씀해 주신 분이 있었다. 손해사정사 수임료를 많이 받으면 좋겠지만, 적정 수준으로 손해사정 업무를 진행하고 있다. 보통 '손해사정 금액'의 10~20% 수준(부가세 별도)으로 보수계약을 통해 업무를 진행하고 있고, 해당 금액이 현저히 크거나 예상되는 손해사정 금액이 적은 경우는 별도의 요율을 적용하여 업무를 진행한다.

보험금을 아예 받지 못한 억울한 상황이 아닌, 어느 정도 받을 수 있는 예상 금액이 있다면 소비자입장에서 수임료가 아깝게 생각되기에 최대한 저렴한 비용으로 업무를 진행하고 싶기 때문이다. 실제로 허리골절로 필자의 저렴한 수임료를 찾아서 진행하셨던 의뢰인의 경우, 두 개의 보험에 가입되어 각각 1,500만 원씩 받아야 하는 상황에서 대리인이 3,000만 원 중 1,500만 원은 성공했으니 수임료를 주고 나머지는 불가능한 상황이라고 포기하자고 했다고 한다. 이해가 가지 않았지만, 3년이 지나서 나를 만나 다시 검토하였고, 6개월 만에 억울하게 받지 못하고 넘어간 보험금에 더해 지연이자만 300만 원에 다다르는 손해사정 결과를 도출해냈다. 무작정 비싼 수임료를 받는 전문가는 잘못된 데다, 그 액수가 적정 금액의 범위를 초과할 때 제대로 된 일 처리를 안 하는 경우가 정말 많다.

손해사정 수임료 제도 개선이 필요하다

손해사정사는 크게 보험회사를 위해 일하는 손해사정사와 보험소비자 편에서 일하는 손해사정사 둘로 나눌 수 있다. 조금 민감한 이야기이지만, 손해사정사의 수임료에 대해 이야기하지 않고 넘어갈 수 없다.

첫째로, 보험회사에서는 보험가입자들에게 지급하는 보험금의 적정성을 위해 현장심사를 보낸다. 본사 직원이 아닌 보험회사에서 지정한 협력업체 직원이 보험회사를 위해 조사를 진행하기도 한다. 여기서 어떤 문제점이 예상되는가? 해당 협력업체 직원은 보험회사가 원하는 결과를 위해 조사를 해야만 하고 만약 그러지 않는다면 해당 업체와는 더 이상의 계약이 이뤄지지 않는다. 심지어 지속된 인건비 상승에 오히려 수임료 자체를 깎으며 반발하는 경우 타 업체와 계약을 진행하기도 한다. 금융감독 기관에서 적정한 수임료가 지급되고 보험회사의 만연한 횡포에 소비자들이 피해 보지 않도록 제도 개선이 절실하다.

별표 1. 손해사정 보수표

(1) 서류징구

유형	기본보수	비고	보고서 제출기한 (영업일수)
차트복사	곳당 50,000 원	3 곳 限, 초과시 표준조사 전환 (담당자협의 必)	3 일
진단병원소견서	50,000 원	주치의 면담 후 발급	
심평원이의신청서류	60,000 원	위임장, 채권동의서 등	
건강보험료 납부확인서	20,000 원		
고지 의무 관계확인 (증빙포함)	50,000 원	2 회 이상부터 50% 인정	
상한제 환수 확약서 비급여/일당 안내서	60,000 원	상한제 환수 · 상계: 100,000 원 (매 청구시 상한제적용 문구 必)	

※ 상한제 환수확약서와 환수/상계 수수료는 아래 (2)표준조사의 상한제위임 유형만 인정함

※ 비급여/일당 안내서는 아래 (2)표준조사의 비급여위임 유형만 인정함

(고객에게 도움이 되는 서류가 아님에도 보수 때문에 요청하는 현실)

둘째로, '소비자 선임권'이라는 명목하에 소비자가 독립손해사정사를 지정하면 보험회사가 그 비용을 부담하는 제도가 수년 전부터 시행되었다.

하지만 이 제도에 대하여 소비자들도 잘 모르고 독립손해사정사들도 외면하는 이유가 있다. 손해사정사 선임 요건이 모호한 부분이 있어, 보험회사에서 문제 제기를 하는 경우도 있기 때문이다. 게다가 보험회사에서 지불하려는 비용 자체가 현저히 낮기 때문에 오히려 담당 보상직원도 이렇게 말한다. '수임료가 이 정도밖에 안 되는데 정말 선임권 사용하실 건가요?'

앞으로 금융감독기관에서 이러한 문제점을 심각하게 인식하고 제도가 빠르게 보완되어 억울한 보험소비자들이 최소화 되었으면 한다.

[인사이트] 열심히 낸 보험료, 이제는 보험금으로 돌려받을 차례입니다. (임재형 손해사정사)

보험회사에 재직하면서 가장 안타까운 것이 본인이 어떤 보험에 가입했는지 전혀 모르는 분들이셨다. 한 달에 보험료는 적게 만원부터 많게는 20만 원이 넘는데, 1년이면 240만 원이고 10년이면 2,400만 원이다. 10년 동안 20만 원의 적금을 넣었다고 가정한다면 결코 적은 금액이 아닌데, 거의 대부분 어떤 보장이 있는지 모르시고, 열심히 보험료만 내시는 분들이 많았다. 앉아만 있어도 업무가 늘어나는 보험회사에 재직했을 때는 이런 부분을 굳이 알려 주면서까지 내 일을 할 수가 없었다. 게다가 보험회사 보상팀의 궁극적인 목표는 보험금 지급의 최소화이다. 상당수의 경우에서 보험금을 덜 주거나 못 줬던 상황이 많았고, 더 죄송하게도 수긍하시는 분들이 계셔서 마음 한구석에 죄책감이 항상 존재했다.

지금은 보험회사 소속이 아닌 소비자 편에 서서, '열심히 낸 보험료를 이제는 보험금으로 돌려받을 차례'라는 포부를 가지고 독립손해사정사로서의 출사표를 냈다. 실제로 보험금 받을 수 있는 상황임에도 불구하고 받을 수 있는 보험인지 모르고 지나가는 경우가 대부분이다. 보험회사에서 장기보험 (암/질병 진단금/사망보험금/후유장해), 대인보상(교통사고 사망/중상해) 두 가지 분야에서 쌓은 실무경험을 바탕으로 숨겨진 보험금부터 놓치는 보험금이 없도록, 소비자 편에 서서 손해사정사 역할을 다하겠다.

제6장

좋은 손해사정사 고르는 법

• 좋은 의뢰인이 좋은 손해사정사를 만난다

필자는 좋은 의뢰인을 그들이 갖춘 비즈니스 매너로 판단한다. 의뢰인과 전문가는 서로 이윤을 추구하는 사이로 만나는데, 최소한 그에 걸맞은 어느 정도의 매너를 갖추고 업무에 임해야 한다고 생각한다. 즉 양측은 최소한의 매너를 가지고 서로에게 손해를 끼치지 않으며 상대에게 좋은 영향력을 행사함으로써, 같은 목표를 추구하는 데 이바지해야 한다.

업무 연락에 관한 매너

요즘 우리 사회에서 통상적으로 인식되는 업무시간은 월요일부터 금요일까지 오전 9시에서 오후 6시, 흔히 말해 9 to 6이다. 이는 가장 기본적인 부분인데, 주중에 늦은 시간 혹은 출근 전 시간부터 저장되지 않은 번호로 연락이 계속 오는 경우가 있다. 또한 주말(휴일)이라고 예외는 아니다. 이는 상대방에 대한 배려가 없이 지극히 본인만을 생각하는 것으로 좋지 않은 인상을 남긴다.

손해사정업무에서 늦은 밤에 연락을 해야 하는 일은 거의 없는데, 혹여나 급한 사정이 있는 경우에는 사전에 미리 문자로 상황 설명을 하고 상대방이 여건이 되었을 때 연락을 하는 것이 타인에 대한 예의이다. 최근 휴일에도 가족들과 여행 중 갑자기 전화가 와서 사연을 말하는 의뢰인에게 휴일은 업무를 하지 않으므로 평일에 연락 주시라 말씀을 드렸더니 본인은 지금 상담을 하고 싶다며 전화를 끊지 않았다. 지금은 짧게 해 드리지만 다음에는 휴일은 피해주시라고 정중히 말씀드리고 상담을 한 후 전화를 끊은 사례였다.

사정사도 사람인지라 본인만 생각하는 의뢰인을 만나게 되면 화가 나기도 하고 상대방에게 배려가 없는 이런 의뢰인과는 업무를 하고 싶지 않다.

상담 전화의 경우 의뢰인의 상황 설명을 듣고 내용을 파악하여 그에 맞는 업무 진행을 설명하는 것이 목적이다.

구체적인 상담은 의뢰인의 서류들을 보고 진행해야 하는데, 잠깐의 전화 통화로 여러 가지를 확인하고 물어보며 집요하게 계속 물어보는 경우 손해사정사는 업무를 같이 시작하기도 전에 지치면서 수임하기가 꺼려진다.

상담 전화는 사고 경위와 다친 부위를 이야기하고 보험증권에 해당하는 항목이 있는지를 확인하며 어떠한 부분을 보상받을 수 있는지를 설명해 주는 절차이다. 하지만 간략하게 본인 소개와 어떻게 사고(상해)가 발생하였는지 또는 부상명(상병명), 어떠한 이유로 하여 연락을 했는지에 대한 언급 없이 본인이 궁금한 내용만 문자로 남기거나, 전화로 본인의 대략적인 상황과 다친 부위(질병의 경우 다친 병명)를 설명하고 다짜고짜 얼마를 받아줄 수 있는지를 물어보는 경우가 있다. 이런 경우는 듣는 상대방을 황당하게 만들기만 할 뿐이다. 아주 짧은 설명만으로는 모든 내용을 파악하기가 어려울뿐더러 실제로 이야기하는 내용과 서류상에 나와 있는 내용이 상이할 수 있기 때문에 상황 설명과 함께 필요한 서류를 보내 주어야 한다. 따라서 본인이 듣고 싶은 내용이 아닌 자신의 정보를 최대한 알려주는 것이 의뢰인에게 더 유리하다. 또한 손해사정사에게 의뢰인은 본인 한 명이 아닐 수도 있기에 단순히 어제 연락했던 사람인데요. 내지는 좀 전에 전화했던 사람인데요. 이렇게 이야기하는 것도 지양해 주기를 바란다.

상담 시 태도에 관한 매너

손해사정과 관련된 상담을 하다 보면 주로 보험회사가 의뢰인에게 보험금 감액통보를 하거나, 보험금 면책을 하여 의뢰인이 억울하고 화가 나 있는 경우가 많다. 이러한 이유 때문인지 의뢰인이 화를 내면서 이야기를 하거나 욕설이나 거북한 표현을 섞어가며 이야기를 한다. 이는 상대에 대한 매너가 아니며, 손해사정사가 의뢰인의 보험금을 감액하거나 면책한 게 아닌데 화를 내는 것을 듣고 있으면 의뢰인과 같이 일을 하고 싶지 않다.

또한 성별이나 나이대를 보고 반말로 말하는 의뢰인도 있는데 이는 상대방을 존중하지 않는 인상을 남긴다. 이러는 경우 나도 반말을 하고 싶고 화내고 싶지만 똑같이 하게 되면 서로의 감정만 상할 뿐이잖은가? 따라서 나는 의뢰인이 화를 내는 행동이나 반말을 하고 있을 경우 빠르게 알리는 편이다. 감정이 상하지 않고 제대로 일을 하려면 서로 지킬 것은 지켜야 한다고 말이다.)

업무 협조에 관한 매너

의뢰인의 업무를 처리하고 있는 전문가에게 시도 때도 없이 전화하거나 문자, 카톡을 보내는 의뢰인들도 있는데 이는 좋은 의뢰인이 아니다. 상담을 하면서 필요한 서류를 알려드리기 때문에 요청서류들을 정리하여 한 번에 메일이나 팩스로 송부하는 것이 효율적이다. 또한 요일 및 시간에 관계없이 불필요한 자료들, 즉 해당 사고와 관련이 없는 자료들을 보내 어떻게 생각하는지, 이게 맞는지, 이러한 경우에는 이렇게 처리하게 맞는지 물어보는 등 고용한 전문가를 닦달하는 것도 바람직한 자세는 아니다.

의뢰인이 고용한 손해사정사는 의뢰인의 사건만 처리하고 있지는 않으므로 전달사항이나 궁금한 사항 등은 전화로 이야기하는 것보다는 읽어 보고 답할 수 있도록 문자나 이메일로 내용을 잘 정리하여 보내는 것이 좋다. 이렇게 하면 의뢰인 본인이 궁금한 내용도 정리가 되고, 손해사정사는 그 내용의 답을 좀 더 잘 전달 할 수 있기 때문이다.

정당한 보수 지급에 관한 매너

이 세상에 절대 공짜는 없다. 짐을 잠깐 보관하더라도 돈을 내야하고 내가 가고 싶은 곳으로 이동하려고 하더라도 도보가 아닌 경우 그에 상응하는 돈을 지불해야 한다.

따라서 의뢰인 역시 공짜로 상담을 바라는 마음을 내려놓지 않으면 좋은 손해사정사를 만날 수 없다. 전문적인 지식과 경험을 세일즈 하는 손해사정사에게는 일 분 일 초가 돈이다. 전문가의 업무시간은 무한대로 있는 것이 아니며 설령 시간이 많다고 하더라도 공짜로 나누어야 할 의무는 없다.

그래서 저는 얼마를 받을 수 있나요? 다른 곳보다 많이 받아 주실 수 있나요? 얼마를 받아 주실 건가요? 많이 받아 주시면 여기로 하려고요.라는 말을 하는 의뢰인들이 종종 있다. 이러한 상담은 의뢰인 본인이 원하는 답변만 공짜로 들으려고 하는 경우인데 이런 경우에는 상담을 하지 않는다. 이유는 의뢰인의 손해를 산정하려면 그가 가입한 보험을 확인하는 등 따로 검토해야 할 서류들이 많기 때문이다. 또한 산정하는 과정에는 단순한 서류 확인 작업뿐만이 아니라 대법원 판례와 분쟁조정위원회의 내용, 논문마저 참조해야 하는 상황들이 있다. 의뢰인의 입장에서도 의뢰인의 목적에 맞는 컨설팅이어야 상담을 한 의미가 있다. 이러한 작업을 제대로 하려면 사안에 따라서는 몇 날 며칠이 걸릴 수도 있는데 이 모든 과정을 아무런 보수 없이 해 달라고 하는가?

누가 무료로 몇 날 며칠의 시간을 투자하여 일을 해 줄 수 있을까? 무료 컨설팅은 지금 의뢰인의 상황은 어떠한 이유 때문에 어떠한 것들을 보상받을 수 있는지를 알려 주는 큰 틀의 상담이다. 이러한 큰 틀의 상담만으로는 확정된 손해액을 알 수가 없는데 어떻게 간략하게 무료로 받은 컨설팅 결과에 의존하려 하는 것인가?

의뢰인의 업무가 진행되거나 간단한 상담 이상이 진행된다면 상대가 그 사건에 투자한 시간과 노력에 상응하는 보수를 지급하는 것은 기본이다. 업무 진행 중에 취소되더라도 같다. 업무를 의뢰하여 착수금을 보낸 후 며칠 뒤에 마음이 바뀌거나 혹은 어떠한 상황으로 의뢰를 취소하는 경우, 이미 냈던 착수금은 전액 환불받을 수 있을까? 이는 해당 손해사정사와 상담 시 철회 보수 규정에 의해 결정한다.

좋은 전문가란?

좋은 전문가란 '실력 있는 전문가'이다. 친절하게 상대의 이야기나 사정을 이해해 주고 공감만 해 주는 전문가는 좋은 전문가가 아니다. 친절한 것은 좋은 것이지만 현재 의뢰인이 처한 문제를 해결할 수 있고 지식이나 경험, 기술, 열정, 성실함을 두루 갖춘 전문가가 좋은 전문가이다.

단순히 의뢰인과 라포(=친밀감)를 형성하는 전문가보다는 의뢰인의 가려운 부분을 긁어 주고, 의뢰하였던 부분을 성공적인 방향으로 해결할 수 있는 지식과 경험, 능력을 가진 전문가여야 한다. 의뢰인이 처한 사안에 대하여 처리능력이 있어야 하는 것은 기본이며, 사안별 전문지식과 경험을 바탕으로 해결하는 전문가가 좋은 전문가이다. 물론 친절하면서도 실력 있는 손해사정사를 만나면 금상첨화이겠지만 이 전문가가 그런 전문가인지는 한두 번 보고는 알 수가 없다. 따라서 둘 중 한 가지를 보아야 한다면 실력이 있는지를 먼저 보아야 한다. 아무리 의도가 좋고 친절한 마음을 가진 사람이라도 의뢰인이 처한 상황에 대하여 비슷한 경험과 성과가 없으면 좋은 전문가라 할 수 없다.

• 의뢰인과 일 궁합이 맞아야 좋은 손해사정사

세상에는 수많은 사람들이 서로 다른 성향과 개성을 가지고 있다. 손해사정사도 수많은 사람 중 한 명이라 각자 타고난 성향이 다르기 때문에 그 성향에 따라서 업무를 하고 사건을 해결해 나간다.

의뢰인의 성향 파악

다수의 상담과 업무처리 과정에서 경험한 의뢰인들의 성향을 정리해 보았다.

1. 포기, 부정주의자 유형

- 보험사라는 대기업을 상대로 보험금을 제대로 받을 수 있겠어? 이거는 면제라던데!
- 이 경우는 보험금 감액을 해서 받는다는데 손해사정사를 고용해도 잘 받을 수 있나?
- 보험사 전화번호만 봐도 스트레스 받는다. 조금이라도 빨리 받아서 끝냈으면 좋겠다.

2. 설마, 방관, 무관심 유형

- 설마 보험금을 안 주겠어?
- 증권 확인해 보니까 나는 보험금을 주지 않는 상황에 해당되는 내용이 없는데 당연히 주겠지. 안 주면 그냥 금융감독원에 민원 넣으면 받을 수 있을 거야.

3. 막무가내 화내기 유형

- 아니!! 내가 보험료를 내고 거기에 해당이 되니까 보험금을 받는다는데 너네가 뭔데 이래서 면책이고 저래서 감액한다는 거야?! 이것들 순 사기꾼 아니야? 너네가 그러고도 무사할 줄 알아? 내가 가서 엎어버릴 거야!!

4. 나도 알 만큼 알아! 보험회사 너희만 전문가니?

- 이게 왜 면책이에요? 보험금 부지급 사유에 해당되는 사항이 없는 것 같은데요. 제가 수긍을 할 수 없어서 이것저것 찾아보았는데요. 이 경우는 이러한 이유로 보상을 받을 수 있다고 하니 전문가를 고용해 싸우겠습니다.

5. 이렇다던데? 겉만 번지르르 선무당 유형

- 제 주변 지인 중에 손해사정사가 있는데요. 이런 경우는 받을 수 있다고 하던데요.
- 제가 보험 쪽에 관심이 많아서 공부를 좀 했었는데요. 이 건의 경우에는 이렇게 처리해야 하는 거 아닌가요?
- 제가 7-8년 전에 이렇게 해서 보상을 받았었거든요. 이건 아닌 것 같은데요?

6. 더 잘 받을 수도 있었는데 너랑 해서 이만큼밖에 못 받았어! 적반하장 유형

- 상담 전: 사정사님! 보험사에서 이러해서 저한테 보험금을 안 준대요! 보험료는 매달 꼬박꼬박 성실히 내고 거기에 해당되어서 보험금을 청구했는데 보험금을 안 주는 경우가 어디 있습니까! 제발 저 좀 도와주세요!! 사정사님만 믿습니다!
- 보험금을 받은 후 : 사정사님이 힘써 주신 덕분에 그럭저럭 보험금 받은 거 같은데요. 근데 이것보다 더 받을 수 있을 줄 알았거든요. 주변에서도 사정사를 고용하면 많이 받는다고 했는데 제가 생각한 보험금만큼은 못 받은 거 같아 좀 아쉽네요. 애초에 보험사가 면책한 내용이 잘못된 거니까 사정사님이 해결하는 데 수월한 게 아니었을까요? 그러니까 수수료 좀 깎아 주세요.

7. 무한신뢰, 사랑합니다 사정사님 유형

- 사정사님! 저 기억하실까요? 일전에 보험사 면책 때문에 상담했었는데 덕분에 무사히 해결해서 보험금 잘 받고 잘 지내고 있습니다. 도와주셔서 너무 감사드립니다~! 사정사님께 큰 건 아니지만 조그마한 선물을 준비해 보았습니다. 맛있게 드셔요. 사랑합니다. 사정사님!

손해사정사의 성향 파악

손해사정사가 보수적이고 안전주의의 성향이라면 일전에 본인이 해결했던 사건이나 기존에 내려왔던 선례와 판례 등에 영향을 많이 받을 것이다. 회의적인 성향의 손해사정사도 이건 좀 힘들어, 이러한 케이스는 보험금을 받기가 어려운데... 등과 같은 말을 많이 한다. 반대로 적극적인 성향일 경우 선례에 얽히는 것보다는 상황을 부딪쳐 보면서 업무를 수행하는 것을 선호한다.

이러하듯 손해사정사마다 자신만이 가지고 있는 스타일이 있는데, 승부사 성향이 있는 손해사정사의 경우 분석과 시도, 도전을 마다하지 않는다. 'A는 B다'와 같은 정답은 없다고 생각하여 논문이나 판례를 찾고 상황을 주도하는 업무를 한다. 이러한 유형은 개인의 열정과 유사사례를 성공한 경험, 해당 사안에 대한 자신감이 있는 경우다.

어떤 목적이냐에 따라 의뢰인 자신에게 가장 유리하게 적용될 손해사정사의 성향이 다를 것이다. 의뢰인은 자신이 처한 상황과 필요한 손해사정, 그에 대한 대비를 생각해 보고 결정해야 한다. 그 후에 자신의 성향도 보고 나와 잘 맞을 것 같은 전문가를 따져봐야 한다.

의뢰인과 일 궁합이 맞아야 좋은 손해사정사

마음이 맞고 성향이 비슷한 사람이 친구가 되듯 전문가와 의뢰인 역시 어느 정도 성향이 맞아야 일이 원활히 진행되고 긍정적인 결과를 얻어낸다.

전문가와 의뢰인은 좋은 결실을 맺기 위하여 만난 비즈니스 관계이기 때문에 서로 최선을 다해 협조해야 한다. 또한 서로의 이익을 위해 집중하여 사건을 논의해야 한다. 나의 경우 안전주의형보다는 승부사 기질이 있어 좀 더 좋은 결과가 나올 것 같은 경우에는 여러 가지 시도를 해 보고 돌진하는 타입이다. 따라서 부정적이거나 무관심한 성향을 추구하는 의뢰인과는 잘 맞지 않으며, 같이 일을 한다고 하더라도 그 의뢰인에게 나는 좋은 손해사정사가 될 수 없다. 따라서 의뢰인과 성향이 맞아야 그 사람에게 좋은 손해사정사가 될 가능성이 높아진다.

- **담당자에 따라 승패를 좌우한다.**

나는 대학생 때부터 머리 색을 바꾸는 것을 좋아해 안 해 본 색이 없을뿐더러 한 번에 여러 색도 섞어서 해 보고 안쪽과 바깥쪽, 위쪽과 아래쪽의 색을 다르게 하는 등 다양한 변화를 주고는 했다. 이 과정에서 여러 디자이너 선생님을 거쳐 갔는데 5년 전부터는 나에게 맞는 디자이너 선생님을 만나 정착하여 더 다양한 변화를 주고 있다.

내 머리를 잘 만질 수 있는 고수를 찾아주세요

처음에 나를 담당했던 디자이너 선생님의 경력은 어디에 내어놓아도 손색이 없을 정도였지만, 커트와 펌이 주 분야이셔서 그런지 염색 실력은 그다지 만족스럽지 못했다. 그래서 한동안은 머리를 하고도 않는다는 생각에 우울했었다. 주력 분야는 커트와 펌이지만, 경력이 오래되셨으니 염색도 많이 해 보셨으리라고 생각해 믿고 맡겼으나 그 기대에 미치지 못한 것이다. 그때 나는 단순히 오래된 경력만으로는 고객을 만족시킬 수 없다는 걸 느끼게 되었다.

시간이 흘러 이전의 실패를 다시 하지 않기 위해 이번에는 주 분야가 염색인 디자이너 선생님을 찾아 머리를 하였다. 결과는 또 다시 실패! 이번에는 과연 어떠한 이유에서였을까? 이번에는 내 머리를 상담하고 염색하는 과정에서 나의 의견보다는 디자이너 선생님의 의견과 취향에 따라 머리를 하게 되었고, 그 결과 나에게 또 어울리지 않았다. 색은 정말 잘 나오게 해 주었으나 디자이너 선생님의 손길에만 온전히 맡겼다 보니 내가 원하는 취향이나 의견이 거의 반영이 되지 않았고, 결국 나와 머리색이 따로 놀게 되는 상황이 되어 버린 것이다.

그 후 머리 색이 또 빠지고 나서 '이번에는 정말 실패하지 않으리.'하며 이를 갈고 다른 곳의 헤어디자이너 선생님을 찾아 만나게 되었다. 그리고 이 선생님이 지금까지 내 머리를 담당해 주는 디자이너 선생님이시다. 이 선생님은 첫 번째, 두 번째 선생님과 비교했을 때 경력은 짧았지만 주 분야가 염색이었으며 본인의 취향과 의견을 내세우기보다 고객의 의견과 취향을 파악하여 객관적으로 어울릴지 안 어울릴지를 알려 주셨다. 이렇게 의견을 조율하여 머리를 염색하게 되었고 정말 만족스러운 결과를 보게 되어 한동안은 매일 사진을 찍고 다녔었다. 실제로도 다른 사람들이 봤을 때 머리가 너무 잘 어울린다면서 무슨 색인지, 어느 디자이너 선생님께 했는지 질문을 많이 받았었다.

담당자의 생각과 경험만큼 결과가 나온다.

같은 재료를 가지고 음식을 해도 누가 요리를 하느냐에 따라 맛이 천차만별이다. 민원 처리 역시 같은 민원임에도 불구하고 어느 담당자냐에 따라서 처리방식이 다르다. 어떤 담당자는 쉽게 해결할 수 있는 민원을 어렵게 해결하는 반면, 같은 민원이라도 다른 담당자는 너무나 수월하게 일을 처리한다. 내 머리의 경우에도 같은 요구를 했음에도 불구하고 단순히 경력이 많은 담당자, 경력은 많지만 본인의 주장대로 가는 담당자, 경력은 조금 적지만 의견을 수용하여 거기에 맞게 절충안을 내놓고 수월하게 처리하는 담당자가 있었다. 이렇듯이 담당자가 누구냐에 따라 결론이 다르게 나오는데, 담당자의 생각이 어떠한지 밝혀주시면 좋을 것 같습니다. 경험만큼 결과가 나오게 된다. 똑같은 사안을 놓고도 A판사와 B판사가 서로 다른 판결을 내놓는 것처럼 서로 다른 결론을 내놓는다.

손해사정사도 마찬가지이다. 모두가 하나의 사건에 똑같이 접근하지 않는다. 동일한 사안에서도 서로 다른 의견을 낼 수 있고, 손해사정사마다 어떠한 생각을 하는지, 어떠한 성향을 가졌는지에 따라 결과가 달라지며 또 이에 따라 의뢰인의 만족도도 달라진다.

헤어숍과 손해사정

머리를 하기 전 인터넷 검색을 하는 등의 내 시간을 들여 헤어숍을 고르고, 헤어숍을 결정한 후에는 돈을 들여 내가 하고 싶은 머리를 상담하고 진행한다. 이렇듯 어떠한 분야든, 어디에서든 항시 그 일을 하기 전에 시간을 들여가며 상담을 하고 돈을 들여 가며 일을 진행한다. 돈을 쓴 만큼 나와 맞는 디자이너 선생님이 일을 진행해서 머리가 더 잘 되었으면 좋겠다는 생각을 하는데, 하물며 손해사정과 같은 경우는 어떠할까? 내 시간과 돈을 써 가면서 전문가를 고용하는데 그 전문가가 나와 잘 맞고 경력이 많으며 내가 원하는 부분을 잘 짚어내고 해결하는 것을 바랄 것이다. 그것은 이기적인 것이 아닌 당연한 심리이다.

오랜만에 시간과 돈을 써서 염색을 했는데 나와는 맞지 않는 디자이너 선생님이 내 머리를 맡아 결과가 좋지 않게 나왔을 때의 그 실망감은 이루 말할 수 없었다. 자주 바꿔 주는 머리의 경우에도 마음이 이러한데 내 보험금을 산정해 주는 손해사정사의 경우에는 그 사람이 전문가 중의 전문가이길 바라는 마음은 오죽할까?

• 손해사정사 선정 시 고려할 사항

당신이 그동안 꼬박꼬박 냈던 보험료, 당신이 만일 그 보험금을 제대로 받지 못하는 경우가 왔을 때 어떤 손해사정사를 만나야 할까?

확인해야 할 손해사정사 체크리스트

1. 업무경력이 길다면?

이 분야에서 얼마나 일했는지 실제의 업무경력이 중요하다. 손해사정사 자격증은 몇 년 전에 취득하고 다른 일을 하다가 한참 후에 손해사정 일을 하게 될 경우에는 그간 공부했던 내용들도 희미하게 기억할뿐더러 다른 분야에서도 그렇듯 이론과 실무의 차이는 크다. 또한 책에서 공부했던 것 이상으로 무수한 사례들이 존재한다. 단순히 연차가 중요한 게 아니라 실제 필드에서 뛴 연차를 보아야 한다. 분야에서 오랫동안 일한 만큼 다양한 케이스들을 접하면서 수많은 경험이 쌓아야만 업무를 능숙하게 잘 처리한다. 그렇기 때문에 단순히 연차가 중요한 게 아니라 실제로 필드에서 뛴 경력이 훨씬 더 중요하다.

2. 업무경력이 짧다면?

위에서는 실제 업무경력이 중요하다고 하였으나 업무경력이 짧은 손해사정사분들도 많다. 실제 업무경력은 짧지만 그 짧은 기간에도 얼마나 많은 사건을 수임하고 성공적으로 많은 사례를 해 왔냐는 것도 하나의 체크리스트이다. 업무경력이 짧더라도 여러 케이스를 접하면서 많고 다양하게 성공한 손해사정사들도 많기 때문에 얼마만큼 성과를 냈는지 중요하다.

3. 말을 잘한다면?

의뢰 내용을 의뢰인에게 쉽고 정확하게 설명하느냐도 관심 있게 보아야 할 것 중 하나이다. 의뢰인을 많이 상대해 보고 사건을 처리해 본 손해사정사들의 경우 보상에 관해 알지 못하는 의뢰인의 궁금증을 보다 이해하기 쉽게 접근하며 설명을 해 준다. 그렇기 때문에, 의뢰인의 궁금증을 해소시키고 가려운 부분을 명쾌하게 긁어주며 대화하고 설명하는 사정사인지를 보아야 한다. 말은 연습하면 누구나 다 어느 정도는 잘할지 모르나 경험에서 우러나온 대화를 하고 설명하는 전문가의 경우 그 의뢰인이 궁금한 점을 묻지 않아도 먼저 캐치하여 알려준다.

• 손해사정사도 전문 영역이 있다.

손해사정의 일도 무수히 다양한 케이스가 존재하기 때문에 선배나 동료, 후배 손해사정사들과 의견을 교환하는 일 역시 중요한 부분을 차지한다. 손해사정이라는 것이 다 똑같은 결과가 나오는 것이 아니며 손해사정사들마다 다 다른 생각을 하기 때문이다. 따라서 업무를 처리하는 과정에서 고민이 되거나 힘든 부분이 있을 경우 다른 손해사정사에게 고견을 구하곤 한다. 내가 잘 알고 있는 주력 분야에서도 의견을 교환하면서 일을 하는데 하물며 잘 모르는 분야의 경우라면 더욱더 의견을 듣고 정리를 해야 한다.

이 부분은 A손해사정사님이 잘 아시던데요!

다른 회사에서도 마찬가지겠지만 어느 분야나 해당 업계 내에서 전문가를 찾는 사람들이 있다. 최신 판례나 상황을 잘 파악하거나 직접적 혹은 간접적으로 유사하고 다양한 사례를 다수 경험한 사람에게 고견을 구하는 것이다. 나 역시도 손해사정사이지만 나의 주력 분야가 아닌 수임을 맡았을 경우에는 그 분야에 대하여 잘 알고 있고 많이 처리해 본 손해사정사에게 고견을 구하곤 한다.

손해사정을 하다 보면 손해사정사들마다 다양한 분야를 처리하지만 그중에서도 본인들만의 주력 분야가 있는데, 실제로 그 주력 분야를 계속 처리하다 보면 다른 사람이 따라갈 수 없을 만큼의 전문적인 지식과 능력, 경험치를 가지게 된다.

다른 손해사정사로부터 고견 요청을 받는 사정사의 경우는 전문가가 찾는 전문가로, 검증된 전문가라고 보면 된다. 이런 사정사는 자신이 잘 아는 분야이기에 다른 손해사정사들이 어떠한 부분을 고민하는지를 알게 되고 의견을 구하는 사람도, 제공하는 사람도 그것을 교환하는 과정에서 서로 경험치를 쌓아가게 된다.

의뢰인이 손해사정사가 필요할 때, 그 손해사정사가 찾는 또는 추천하는 사람을 만나면 어느 정도 그 분야에서 검증된 손해사정사를 만날 수 있다. 좋은 손해사정사란 당신이 처한 사건에 관한 많은 사례를 경험해 왔으며 당신에게 만족스러운 결과를 가져다줄 수 있는 사정사이다.

열심히 하는 사람과 잘하는 사람

내가 만약 사건 의뢰를 해야 하는 상황이라 전문가를 찾아야 한다면 단순히 일을 열심히 하는 사람보다는 일을 잘하는 사람을 찾을 것이다. 일을 열심히 하는 것도 중요하지만 그것보다 더 중요한 것은 일을 잘 처리하는 사람이다. 전문가는 그 분야를 일반 사람들보다 더 잘 알고 있다는 것인데 전문가가 전문성 없이 성실하기만 하면 될까? 물론 너무 불성실한 것도 안 되지만 일을 처리하는 과정에서 핵심을 놓치면 안 되기 때문에 손해사정사를 선정하는 기준 중 제일 우선시되어야 할 것은 전문성이어야 한다. 전문가는 한 건의 일만 처리하고 있지 않으므로 사안의 핵심을 뚫어보며 효율적으로 업무처리를 할 정도의 성실함을 갖춘 사람이면 된다. 따라서 의뢰인은 일을 열심히 하는 사람이 아닌 일을 잘하는 사람을 우선순위로 놓고 찾아야 한다. 그래야 의뢰인도 전문가도 서로 만족스러운 결과를 얻을 수 있다.

• 보험사 출신 손해사정사가 유리한가요?

손해사정사의 경우 보험회사에서 수년 내지 길면 몇십 년을 일하고 독립손해사정사를 시작하는 케이스가 있으며, 처음부터 독립손해사정사의 길을 걸어온 손해사정사가 있다.

보험회사 손해사정사 VS 독립손해사정사

보험회사에서 일하는 손해사정사와 독립적으로 일하는 손해사정사가 하는 업무가 서로 반대라고 생각하면 쉽다. 보험회사에 속하여 일하는 손해사정사의 경우 보험금을 최대한 적게 또는 안 줄 수 있는 위반사항이나 해당 사항이 있는지를 찾아 보험금을 산정하는 것이고, 독립손해사정사의 경우에는 의뢰인의 입장이 되어 최대한 보험금을 더 받을 수 있는 자격 요건이 되는지 검토해 주고 만일 보험사의 면책으로 보험금을 못 받는 상황이라면 보험금을 지급받을 수 있는 요건과 자격을 최대한 찾아 손해사정금액을 산정하는 역할을 한다.

보험회사에서 재직했던 독립손해사정사와 한 길만 걸어온 독립손해사정사

보험회사 출신의 손해사정사의 경우에는 보험회사에 재직하는 동안 회사 내에서 어떻게 업무가 처리되는지 회사 내규는 어떻게 되고 어떠한 방향으로 흘러가는지를 잘 알고 있다. 따라서 어떠한 의뢰가 들어왔을 때 '이를 보험회사에서는 이러한 방식으로 처리를 할 것이다.'라는 것이 어느 정도 예상할 수 있다. 그래서 업무를 해결하는 과정에서 조금 더 쉽게 담당자와 컨택을 할 수 있으며 이 담당자가 어떤 말을 할지 예상이 되기 때문에 거기에 반박할 수 있는 말들을 더 매끄럽게 잘 할 수 있다는 장점이 있다.

독립손해사정사의 길만 걸어온 손해사정사의 경우에는 여러 다른 분야에서 활동을 하다가 온 분들이 많다. 예를 들면 병원에서 의료인 내지는 의료기사직에 종사하다가 오거나 노무사를 하다가 손해사정사 자격증을 취득하여 독립손해사정사를 하는 경우가 많다. 이들은 보험회사에서 재직했던 손해사정사처럼 의료계통 또는 노무계통에서 그 분야의 업무처리가 어떤 방식으로 진행이 되는지를 알고 있다. 따라서 신체감정과 같은 진단서의 내용이나 검사지와 같은 서류들을 보다 더 완벽히 알고 의뢰인의 상태를 더 잘 파악할 수 있다. 또한 처음부터 부딪치는 과정에서 경험이 풍부해지고 다양한 케이스를 많이 접해 왔다는 장점이 있다.

따라서 필자는 보험회사에서 일하고 온 손해사정사와 외길로 독립적으로만 일한 손해사정사는 각각의 장점이 명확하게 있기 때문에 이 부분만큼은 이 책을 읽는 독자들의 선택에 맡기도록 하겠다.

[인사이트] 손해사정사, 왜 만나야 하는 건데? (김가연 손해사정사)

대부분의 사람들은 실비보험, 암보험, 종신보험, 자동차보험 등 한 가지의 보험에는 가입하고 있다. 계약 당시 보험회사는 가입의 장점만을 강조하고, 가입하기만 하면 웬만해선 보험금을 전부 지급받을 수 있을 것처럼 유혹하기에 우리는 선뜻 가입하게 된다.

이렇게 보험을 들어 보험료를 매달 꼬박꼬박 내고 있다가 내가 어떠한 상해 또는 질병으로 보험금을 받아야 할 경우 보험회사에 보험금을 청구하게 되는데, 계약했을 당시의 말을 떠올려 당연히 받을 줄 알았던 보험금은 보험사의 이러저러한 이유들로 감액이 되거나 최악의 경우에는 면책이 되곤 한다. 일반 계약자들이 이 내용이 부당하여 이의를 신청해도 거대한 보험사를 상대로 계약자 혼자서 맞서 싸우기에는 일단 보험 내용 자체가 계약자에게는 생소하고 어렵기 때문에 이의를 제기하기 어려울 뿐만 아니라, 보험회사가 감액이나 면책을 주장하는 내용이 터무니없을지라도 계약자들은 이 사실을 제대로 인지하지 못하기 때문에 시작조차도 어렵다.

설령 내가 어느 정도 보험에 관하여 알고 있다고 하더라도 보험회사의 경우 제3의 의료기관에 자문을 구하는 등의 불합리한 일을 저지르는데 이에 반하여 계약자의 경우에는 생소한 의료전문지식을 알아보고 찾아보는 일에서부터 크나큰 어려움을 겪는다. 그래서 단순히 감정호소를 한들 보험사가 감정호소에 보험금을 지급할 것이었다면 애초에 감액이나 면책을 하지 않았을 것이다. 따라서 눈에는 눈, 이에는 이로 전문가와 싸우려면 거기에 맞설 수 있는 전문가가 필요하다.

그러므로 보험사에 맞서 부딪쳐 보고 싸워 보려면 손해사정사가 꼭 필요하다고 말씀드리고 싶다. 보험사가 알아서 잘 줄 것이라고 생각하거나 손해사정사를 고용하면 수수료를 주어야 하니 내 주머니에서 돈이 나가는 것만 생각을 하게 되는데 잘 따져 보라! 수수료를 아끼는 대신 터무니없이 적고 부당한 보험금을 받는 것과, 손해사정사를 고용하여 제대로 된 손해사정을 통해 정당한 보험금을 받고, 그 보험금에서 약간의 수임료를 주는 것 중 어느 것이 더 나은 선택인지를!

[에필로그] 보험금, 아는 만큼 지킬 수 있다

모든 사람은 일상에서 예기치 못한 사고가 발생할 위험을 지니고 살아간다. 이에 대비하기 위해 여러 보험에 가입하고 금전적 부담을 덜고자 한다. 사고는 다양한 형태로 발생하기 때문에 중대한 사고가 발생했을 경우 그에 따른 금전적인 손해를 감당해 내야 한다. 이러한 손해를 보전받는 방법이 보험이며 보험금이 그 역할을 한다.

보험가입자 수가 늘어나기 시작하면서 다양한 종류의 상품이 나오기 시작했다. 그리고 사람들은 자신에게 맞는 보험에 하나 이상 가입하고 있다. 보상금액이 크지 않을 경우 쉽게 보험금을 받을 수 있지만 보상금액이 커지는 사고나 질병의 경우에는 지급을 거부당하는 경우가 상당히 많다.

보험사는 계약 당시에는 약관의 좋은 부분만 강조하지만 막상 보험금을 받아야 하는 상황이 발생하면 가입 시 가볍게 여긴 부분을 문제 삼는다. 또는 해석이 애매한 경우 이들 기준의 약관에 기재되어 있는 내용을 근거로 하여 보험금을 줄이거나 지급하지 않으려고 한다. 보험가입자는 보상받을 권리가 있음에도 이러한 상황에 처하면 막막하고 두려워지기 마련이다. 이때 보험금을 지키기 위해서라도 이 분야의 전문가인 손해사정사를 알아 두는 것이 큰 힘이 된다.

일반적으로 보험 가입을 하고 계약이 체결된 시점부터, 보험사는 약관에 해당하는 사고 발생 혹은 발병 시 이에 따른 금액을 지급하게 된다. 이 과정에서 사고 경위를 파악하기 위해 사고에 대한 조사 및 심사를 진행하게 된다. 동시에 손해사정사를 선임하여 보상금에 대한 산정을 하게 된다.

이러한 과정을 거쳐 청구에 대해 적합하다는 판단이 서면 보험금을 지급하고 있다. 그러나 가입사가 고의적으로 사고를 일으켰다고 판단되거나 중과실에 의한 면책 사항으로 인해 이에 대한 청구가 불가능해지는 상황이 발생하기도 한다. 가끔 고의적인 사고가 아니었지만 상황에 따라서는 이에 대하여 보험사가 고의를 주장하면서 지급을 거절하는 경우도 있다. 고의에 의한 사고가 아니었음에도 납득할 수 없는 사유를 들어 보험금 지급을 거절할 경우 자신의 권리를 주장하고 지켜내기 위해서는 보상에 특화된 손해사정사를 선임하는 것이 무엇보다 중요하다.

손해사정사를 알면 내 보험금을 지킬 수 있고, 어떤 경우에 손해사정사를 찾아야 하는지 알면 권리를 지켜낼 수 있다.

손해사정사는 보험금을 지급받기 위해서 손해사정서를 작성하여 제출하고 보험사는 합리적인 거절 사유가 없다면 보험금을 지급해야 한다. 독립손해사정사와 달리 위탁손해사정사는 보험사에 소속되어 보험금의 과다청구를 막기 위한 역할을 한다. 독립손해사정사는 반대로 보험가입자의 편에 서서 보험금 부지급 사유나 과소지급에 대해서 검토하고 여기에 문제가 있다면 이의제기를 하여 보험금을 받아주는 역할을 한다.

독립손해사정사와 같은 편에 서서 보험금을 제대로 받기 위해서는 그만큼 미리 여러 사례를 알아 두면 좋다. 그리고 손해사정사에 대해서 정확히 알고 진행할 경우에 내 권리와 보험금을 지켜낼 수 있을 것이다.

[부록] 손해사정사 의뢰인 찐 후기

서울특별시 ○○구 후유장해보험금 의뢰인 김○○(김가연 손해사정사)

나는 겨울에 스키를 타다가 무리하게 동작을 바꾸면서 십자인대가 파열되었다. 다친 직후에는 수술하고 재활을 하느라 보험금 청구는 생각도 못 하고 있었는데, 주변에서 손해사정사를 고용하여 보험금을 잘 받을 수 있었다는 말을 듣고 찾아보게 되었다. 인터넷으로 알아보던 중 김가연 손해사정사님을 알게 되었고 상담을 통하여 내가 후유장해보험금을 받을 수 있다는 사실을 알게 되었다. 수술 후에 재활 운동을 하고 일정 기간이 지나 무릎에 대해 평가를 하여 무리 없이 보험금을 받을 수 있었다. 특히나 후유장해보험금은 사고 직후에 바로 청구를 할 수 있는 게 아니라 일정 기간이 지난 후에 장해를 평가하여 받을 수 있는 것이기 때문에 나 같은 일반인들은 잘 알지 못할 것이라고 생각된다. 혼자서 넘어지거나 다치는 경우 받을 수 있는 보험금이 입원비나 수술비, 통원비, 약제비 정도로만 생각했는데 어느 부위를 어떻게 다쳤냐에 따라 후유장해보험금을 받을 수 있다는 것을 알게 되었다. 아마 나처럼 이렇게 혼자서 다친 경우가 많을 텐데 본인도 이 조건에 충족이 된다면 손해사정사에게 의뢰를 해 보는 것을 추천한다. 보험회사는 내가 어떠한 보험금을 받을 수 있는지 먼저 알려주지 않는다. 따라서 내가 사고를 당했을 때 거기에 해당하는 보험금이 있는지 확인하여 청구해야 보험금을 주고,

내가 받을 수 있는 보험금임에도 불구하고 그 보험금이 청구 가능한지를 몰라 못 받는 경우도 발생을 한다는 것을 알아야 한다고 생각한다. 이번 사건을 의뢰하면서 사정사님께 너무 감사했던 점은 사정사님이 물리치료사 출신이라 재활 운동을 할 때 어떻게 운동을 하면 재활에 더 좋은지에 대하여 알려 주고 설명해 주셔서 잘 회복할 수 있었다는 것이다. 다시 한번 이 자리를 빌려 사정사님께 감사하다는 말씀을 드리고 싶다. 또한 나와 같은 사례의 사람들이 있다면 꼭 손해사정사를 고용하여 알맞은 보험금을 받았으면 좋겠다.

인천광역시 ○○구 자동차사고 의뢰인 한○○(김가연 손해사정사)

내가 처음 손해사정사를 알게 된 계기는 무릎 십자인대 파열과 발목뼈가 부러지는 자동차 사고를 겪어 병원에 입원해 있을 때였다. 자동차사고에 대하여 인터넷에 찾아보는 와중에 손해사정사라는 문구를 보게 되었는데, 그 당시 보험사와의 보험금 문제로 갈등을 겪고 있던 중이라 손해사정사라는 문구가 더 크게 와닿았다. 그전까지는 손해사정사가 무슨 일을 하는지 몰라 찾아보니 '손해액을 공정하게 산정해 주는 사람'이라는 것을 알게 되었고 여기저기 검색을 해 보다가 김가연 손해사정사님을 알게 되었다. 나와 같은 일반 계약자의 경우 거대한 보험사를 상대로 보험에 대하여 이의를 제기해도 받아들여지기가 힘들고, 또한 개인이 직접 싸우기에는 너무 생소한 데다 어려운 단어와 말들이 많아 그것 또한 주저되는 일이었다. 게다가 판례를 해석하고 찾아봐야 하는데 이것들을 일반 계약자들이 어떻게 찾아보고 이해하며 반박할 것인가! 이렇듯 나를 위해 대신 보험사와 싸워줄 수 있는 사람이 손해사정사인데 보험사가 주장하는 의견과 그 의견을 반박할 수 있는 내용을 가지고 제시함으로써 보험금이 많이 달라진다는 것을 알게 되었다. 그저 보험사가 주는 금액이 맞는 금액이겠지, 또는 '아. 이렇게 싸우기 힘들고 귀찮은데.' 또는 '손해사정사를 고용하면 돈도 많이 나갈텐데.'하고 안 하는 사람도 분명 있을 것이라는 생각이 든다. 하지만 내가 해 주고 싶은 이야기는 이러한 귀찮음과 무지에 의하여 대충 끝내는 사람들이 없었으면 하는 바람이다. 독립손해사정사의 고용이 수수료는 들지만 결코 이 비용이 헛되지 않은 것이라고 말하고 싶다. 우리는 살면서 한 번쯤은 다치거나 아프면서 보험금 청구를 하게 될 날이 있을 것이다. 나 역시도 워낙 건강하기도 했고 보험료는 꼬박꼬박 냈지만 아프거나 다치지를 않으니 '보험금 탈 일이 없겠구나'하고 생각을 했었다. 그런데 사고는 언제 일어날지 모르고 우리의 몸 역시 언제 아프거나 다칠지 모른다. 그러니 내가 보험료를 매달 꼬박꼬박 내다가 보험금을 받아야 할 일이 생긴다면 꼭 잘 알아보고, 부당하거나 이상하다는 생각이 들 시 꼭 손해사정사를 고용하여 내 소중한 보험금을 정당하게 받기를 바란다.

대전광역시 ○○구 배상책임보험 의뢰인 박○○(김가연 손해사정사)

나의 경우에는 가족들과 같이 외식을 하는 중 화장실에 다녀오다가 물기가 있는 바닥에 미끄러졌고, 팔로 땅을 짚으려다가 잘못 짚으면서 손목뼈가 골절이 되었다. 병원으로 이송되어 수술 후 병실에 입원해 있는데 옆 환자분을 통해 손해사정사님을 알게 되었다. 나 같은 경우는 단순히 식당에서 일어난 사고로 식당에서 치료비랑 수술비를 보상해 준다고 생각했을 뿐 배상책임보험금은 어떠한 항목들과 관련해 받는지를 몰랐기 때문에 '보험회사에서 알아서 보험금을 맞게 주겠지'라고 생각을 했었고, 배상책임보험 말고는 받을 수 있는 보험금이 없다고 생각하였다. 그래도 내 손해액을 산정해 준다는 말을 듣고 상담이라도 한번 받아 볼까 하여 받았었는데 내가 어떠한 이유로 보험금을 받을 수 있고, 그 보험금은 어떠한 항목이 있는지를 세세하게 설명해 주어 이해하기가 쉬웠으며 손해사정사님이 도와준 더분에 무리 없이 보험금을 잘 받을 수 있었다. 흔히 식당이나 다른 영업장 안에서 사고가 났을 경우 그 시설에서 하자가 있거나 시설 안전을 부실하게 하여 사업장 내 과실이 있을 경우에 그 사업장으로부터 보상을 받을 수 있다고만 생각하고 다른 쪽으로는 보상을 받을 수 없다고 생각했다. 하지만 사업장에서도 사업장의 과실에 대하여 보상을 받을 수 있고, 또한 내가 다쳐서 수술하고 그 후에 다친 부위에 대하여 후유장해를 평가하고 해당 항목만큼 후유장해보험금을 받을 수 있다는 사실을 이번 사고를 통해 알게 되었다.

처음에 손해사정사라는 직업이 생소하기도 하고 과연 손해사정사를 고용하여 내 보험금을 잘 받을 수 있을지, 또한 내가 수수료를 주면서까지 고용을 해야 하나, 라는 생각을 많이 했었는데, 그 생각은 내 편견이었고 큰 무지라는 것을 깨달았다. 만약 나처럼 이러한 경우가 생긴다면 손해사정사라는 전문가를 의심하지 말고 믿고 고용하여 내가 받을 수 있는 보험금을 잘 받기를 바란다. 절대 보험사는 내가 가만히 있으면 보험금을 주질 않는다. 그렇기 때문에 손해사정사를 만나 같이 확인해 보고 해결해야 한다고 생각한다.

경기도 ○○시 후유장해보험금 의뢰인 이○○(김가연 손해사정사)

나는 한겨울에 길을 가다가 빙판길 위에서 넘어졌었다. 그로 인해 팔꿈치 골절이 되었다.

병원으로 이송되이 수술 후 병실에 입원한 당시 병실에서 친해진 환자분을 통해 손해사정사님을 알게 되었다. 혼자 길 가다가 다친 거라 보험금을 받지 못할 줄 알았는데 손해사정사님이 나 같은 경우는 후유장해보험금이라는 항목으로 받을 수 있다고 하셨다. 그리고 후유장해보험금의 경우에는 바로 청구를 해서 받을 수 있는 것이 아니라 사고일로부터 일정 기간이 지난 후에 해당 부위를 평가하여 그 항목의 지급률만큼 받을 수 있다고 하셨다.

후유장해보험금은 바로 청구를 하는 게 아니다 보니 내가 후유장해보험금을 알고 청구하지 않는 한 보험회사에서 먼저 연락이 와서 보험금을 주지 않는다. 따라서 내가 보험에 대하여 정확하게 알고 청구를 해야 하는 건데 사실상 일반 사람들은 보험을 잘 모를뿐더러 이게 가능한지도 모르기 때문에 보험에 관하여 잘 아는 전문가에게 해야 한다고 생각한다.

그리고 손해사정사라는 직업이 너무 생소했기 때문에 수임을 맡기기 전에는 이 사람이 정말 나를 위해 일을 해 줄 수 있는지 걱정이 되었으나 그런 고민이 무색할 만큼 일을 잘 처리해 주셔서 너무 감사했었다. 혹시 다른 사람들도 나처럼 사고가 나서 다쳤을 경우에 혼자서 처리하는 것보다 전문가를 고용하여 꼭 같이 헤쳐나가기를 바란다. 그저 내가 고용을 했으니 내 지갑에서 돈이 나간다는 생각을 하게 되는데 그 생각만큼은 정말 하지 않았으면 좋겠다. 내가 혼자 처리해서 보험금을 받을 수 있을지 없을지도 모를 뿐더러 설사 받는다 하더라도 이 보험금이 정당하게 받은 보험금이 아닌데도 불구하고 맞게 받았다고 생각할 수도 있다. 그렇기에 소 잃고 외양간 고치는 게 아닌 지피지기면 백전백승이다, 라는 마음으로 꼭 잘 알아보고 확인해 보며, 만일 내가 0.0001% 라도 모르는 게 있다면 그냥 넘어가는 게 아니라 전문가에게 상의해서 내 보험금을 현명하게 잘 받기를 바란다. 다시 한번 김가연 손해사정사님께 감사드리며 이 책을 읽으시는 분들께서도 이러한 일이 생겼다면 현명하고 지혜롭게 해결해 나가셨으면 좋겠다.

경상북도 경주시 의뢰인 오○○(임재형 손해사정사)

다른 전문가분과 진행하여 일부 보험금을 못 받고 끝났다. 직업을 속이고 보험을 가입했다는 것이었는데, 너무 억울했지만 전문가분이 안 된다고 하니 포기하고 살았다. 그러다 임재형 손해사정사를 소개받은 것은 정말 우연한 계기였다. 3년 전 덜 받고 끝났던 것을 잊고 있었는데, 와이프가 이런 일에 대해 어디서 말을 했더니 한번 알아보자며 추천해 준 전문가였다. 못 받은 보험금을 받아 준다는 말에 솔깃하여 필요한 서류를 발급받았지만, 보험금에 대한 내 욕심이 아니었을까? 하며 솔직히 포기하고 있었다. 종종 연락을 주실 때마다 감사하긴 한데, 불가능한 것을 굳이 하셔서 고생만 하시는 것이 아닌가 싶었다.

그리고 6개월쯤 지났을까? 다음에 연락 주면 어쩔 수 없다는 것도 이해하고 마무리하려 했던 찰나에 전화를 달라는 카톡이 왔다. '포기하겠다는 것인가?'라는 불안감과 동시에 분명히 의뢰인이 포기하지 않으면 본인은 끝까지 하겠다는 말을 들었던 것이 순간 떠올랐다. 이야기를 듣고 왠지 모를 그동안의 억울함과 감격 때문인지 눈물이 났다. 보험금을 다시 주겠다는 결론이 났다는 것이다. 갑자기 너무 화가 났다. 전에 하셨던 분은 왜 안 된다고만 하고 넘어갔을까? 지금이라도 전화해서 화내고 싶은 심정이었다. 신기하게 3년 동안 이자가 발생했다며 100만 원이 넘는 이자까지 생겨서 예금을 들었던 것이라 생각하라는 임재형 손해사정사님 말씀에 눈물이 쏙 들어가면서 같이 웃었다.

내 삶에서 이 보험금은 솔직히 적은 돈은 아니었는데 포기하고 살았었기에 로또라고 생각했다. 정말 감사한 마음에 더 받게 된 이자를 더 드리고 싶었는데 극구 사양하셨고 그렇게 내 사건이 마무리되었다. 처음부터 잘 끝났더라면 임재형 손해사정사님을 못 만났을 것 같은데 다시 한번 감사 인사를 드린다. 보험금 관련 문제가 생기면 처음부터 임재형 손해사정사님만 믿고 진행하길 바란다. 절대 손해 보지 않을 것이다.

서울특별시 서대문구 장○○(임재형 손해사정사)

보험회사에서 일하면서 친정엄마 보험도 우리 회사상품을 잘 넣어 뒀었다. 보험회사에 다녔지만 생각해 보니 보상이 어떤 것이 되는 줄도 모르고 있다가, 보상팀에서 일하는 동기랑 이야기하던 중 '소멸시효'로 본인이 맡은 사건의 담당 손해사정사 이야기를 나누게 되었다. 그리고 조금 웃기지만 그 전화번호로 전화를 걸어 상담을 받았다.

임재형 손해사정사님도 이렇게 전화 받은 것은 처음이라며 신기하다 했지만, 바로 친정엄마 관련 보험금 상담을 정확히 해 주었다. 전화만으로 신뢰를 주셔서 바로 진행요청을 드렸다. 그리고 얼마 지나지 않아 엄청난 액수의 보험금이 나왔고, 친정엄마께서 모르고 지나갔으면 억울해서 죽었을 것 같다며 대성통곡하셨다. 감사한 마음에 그렇게 임재형 손해사정사님과의 인연이 끝난 줄 알았는데, 뭔가 단단히 화나셨던 것 같다. 하지만 나는 전산으로 어머니 계약조회가 가능하니 별문제가 없는데? 하며 일상으로 돌아갔다.

○○아 이 돈 뭐야? 친정엄마가 놀라시며 전화가 왔고, 입금자가 보험회사여서 설마 하고 임재형 손해사정사님께 연락드렸다. 지난번에 보험회사에서 덜 주고 마음대로 끝내서 끝까지 마무리한 것이라고 설명해 주셨다. 우리 회사 대처가 좀 그렇기 때문에 손해사정사님께 죄송했다. 적어도 말이라도 해 주고 보험금을 줘야지? 아무튼 예상치 못한 보험금을 많이 받았었는데, 그것도 덜 받았다며 끝까지 책임지고 일해 주셔서 감사할 따름이다. 임재형 손해사정사님이 정말 잘되셨으면 좋겠다. 감사한 마음에 주절주절 편지를 써 봤다.

경기도 성남시 중원구 문○○(황수정 손해사정사)

건설 현장에서 사고 당시 나의 동료 모두가 내 과실 100%라고 했다. 나도 내 과실이 100%라는 생각이 들었다. 산재 승인이 난 후 휴업급여를 받으면서 인터넷을 찾기 시작했다. 아무리 찾아봐도 나와 동일한 부위에 상해를 입은 경우 근재보험으로 손해배상 받은 케이스를 찾지 못했다. 나는 산재사고로 일을 못 하고 있었기 때문에 경제적으로 조금이라도 도움을 받을 수 있는 방법을 찾던 중 아버지로부터 손해사정사를 소개받았다. 예전에 아버지가 받아 둔 명함이 있었다. 소개받은 손해사정사는 가능성은 낮지만 시도해 보자고 해서 위임을 맡겼다. 나는 형틀 목공으로, 망치로 못을 박다가 내 엄지손가락 끝부분을 잘못 내리쳐서 분쇄골절이 됐다. 그런데 관절면이 아니니 후유장해가 과연 남느냐는 것이다. 시간이 지나면 붙을 것이고, 안 붙더라도 후유장해 진단을 어떻게 발급받느냐가 관건이었다. 결과는 근재보험에서 손해배상을 받았다. 처음엔 혹시나 하는 마음에 의뢰했는데 결과적으로 보상금을 받아서 너무 만족한다. 안될 것 같다고 미리 포기하지 말자. 손해사정사가 포기하기 전까지는.

강원도 원주시 함○○(황수정 손해사정사)

장애인이신 아버지가 한겨울에 아파트 계단에서 전락되어 크게 다치셨다. 병원으로 옮겨져서 뇌수술을 받으시고, 뇌수술 후유증으로 요양병원에서도 강제 퇴원 당하셔서 집으로 모신 상황이었다. 아파트 측이 보험에 가입되어 있기 때문에 수월하게 손해배상을 받을 수 있다고 생각했다. 그런데 장애인이고 본인 과실이 80%라는 판례를 보여 주면서 300만 원에 합의하려면 하라고 강압적으로 얘기를 했다. 지금 합의 안 하면 다음엔 100만 원으로 금액이 내려간다는 황당한 말도 했다. 여러 변호사와도 상담을 해 보았지만 결국엔 돈이 문제였다. 소송으로 진행하려면 착수금을 내야 하는데 임대아파트에 사는 우리 가족은 착수금을 마련할 수 없었다. 그래서 결국 독립손해사정사에게 의뢰하여 진행하였다. 독립손해사정사는 착수금을 받지 않고, 보험금을 받은 후 보수를 지급받기 때문이다. 다른 독립손해사정사는 어려운 사건이라며 맡아주지 않았는데, 내가 사건을 맡긴 독립손해사정사는 적극적으로 도움을 주어 후유장해를 받을 수 있는 시기별로 후유장해진단서, 향후치료비추정서 등을 발급받을 수 있도록 해 주었고, 보험사에 보험금 청구를 하였다. 보험사는 장애인이라 무조건 기왕장해도 높게 책정하고 과실률도 많이 잡으려고 했는데 보험사와 지속적으로 풀어나가면서 결과적으로 잘 해결되어 큰 도움이 되었다. 너무 감사드린다.

대전광역시 둔산동 홍○○(홍진영 손해사정사)

저는 보행 중 오토바이와 충돌하여 골절이 발생하였습니다. 골절로 인해 수술을 하고 병원에서 치료를 받고 있던 도중 친구이자 손해사정사인 진영이에게 연락을 하게 되었습니다. 보험회사에서는 오토바이의 경우 대인배상 1 , 책임보험밖에 가입이 되어 있지 않아 부상급수에 따른 한도까지만 보상이 가능하다라는 말로 병원으로부터 일찍 퇴원시키려고하는 것 같았습니다.

이에 대해 진영이에게 문의한 결과 대인배상 1 밖에 가입하지 않은 오토바이의 경우에는 무보험자동차에 해당이 되어 제가 가입한 무보험자동차상해특약을 통해 책임보험 한도가 아닌 무보험자동차상해특약의 보험가입금액까지 보상받을 수 있다라는 사실을 알게 되었고, 보험접수를 통해 수술 후 향후 치료까지 완벽하게 마칠 수 있었습니다.

저는 골절사고도 처음이였음에도 불구하고, 이에 대해서 어디 물어 볼 곳이 없던 도중 진영이가 손해사정사라는 사실을 기억하게 되어 합당하게 보상 받을 수 있었습니다. 하지만 저와 달리 주위에 손해사정사라는 직업을 가진 지인이 없다면 이에 대해서 알기도 어려울 것이고, 보상 받는 것도 어려웠을 것이라고 생각합니다. 이러한 진영이의 도움을 통해서 정당하게 보상받은 것에 다시 한번 진영이에게 고맙습니다.

서울특별시 금천구 정○○(홍진영 손해사정사)

저는 공사 현장에서 일하던 도중 사다리 낙상사고로 인해 척추압박골절이 발생하였습니다. 이에 대해서 산재보험의 처리를 하는 것에 있어 주위 사람들의 도움과 조언으로 아무런 문제 없이 보상을 받았습니다. 산재보험 처리를 통해서 요양급여(치료비) 와 휴업급여를 받음으로써 휴직 기간 동안의 경제적 위기를 모면할 수 있었습니다.

이렇게 보상을 다 받았다고 생각하던 도중 홍진영 손해사정사님을 만나서 추가적인 보상이 가능하다는 알게 되었고, 장해급여와 '근로자재해보상보험'에 대해서 알게 되었습니다. 처음에는 홍진영 손해사정사님의 말씀에 반신반의하였지만, 정말로 좋은 결과를 도출해내 주셨습니다.

만약 홍진영 손해사정사가 아니었다면, 근재보험의 시실과 개인보험의 후유장해보험금에 관해 알지 못한 채 정액 진단비만 받고 끝냈을 것입니다. 척추 압박골절로 인해 사회생활이 전혀 되지 않았던 저에게 정당하게 받을 수 있는 보험금에 대한 안내와 절차 등을 친절히 설명해 주고 좋은 결과를 이끌어 내주셔서 정말 감사드립니다.

경기도 의정부시 정○○(김도연 손해사정사)

새벽에 두통으로 깨는 일이 반복되고 어지럼증이 동반되어 뇌MRA 등 영상검사를 시행하던 중 청천벽력 같은 소식을 들었다. 뇌혈관이 막혀 뇌경색이 발생하기 직전 단계라니. 말만 들어도 무섭게 느껴졌다. 가능한 한 빨리 수술이 가능한 병원을 찾아 헤매다 수술을 받았다. 그러나 병원비가 걱정이었다. 코로나19로 인한 경영난으로 운영하던 사업장을 잠시 닫아 둔 상태였기 때문이다. 보험관리를 해주시던 설계사님에게 전화를 했더니 뇌경색 진단비와 뇌혈관질환 진단비를 받을 수 있다는 이야기를 들었다. 병원에서 서류를 떼어 보험금을 청구했으나, 보험회사로부터 보험약관에 부합하는 주요 치료에 대한 내용 누락으로 진단 확정에 해당되는 지 여부를 판단하기 위해 조사가 필요하다는 연락을 받았다. 며칠 뒤 보험회사 직원이 손해조사를 진행한 뒤 한동안 감감무소식이었다. 그러던 어느 날 보험회사로부터 보험금을 지급할 수 없다며 통보해 왔다. 놀라서 블로그를 검색했다. 그러다가 우연히 김도연 손해사정사의 블로그를 발견하고 연락했다. 같은 여성이고 블로그로부터 받은 인상이 따뜻하여 친절하게 상담해 줄 것 같았다. 예상대로 친절하고 꼼꼼하게 상담을 진행해 주셨다. 김도연 손해사정사님의 요청에 따라 의무기록사본, 영상 CD 등을 다시 재발급하였고 주치의 소견도 추가로 받았다. 주치의 선생님이 소견서를 원하는 방향으로 작성해 주셨다는 김도연 손해사정사님의 의견에 따라 보험금을 지급받을 수 있겠다는 희망을 가지게 되었다. 하지만 쉽지 않았다. 김도연 손해사정사님이 중간중간 피드백을 해 주셨다.

손해사정사님의 말씀에 따르면 보험회사에서는 맨 처음 의료자문에서 협착이 경미하여 보험금을 지급할 수 없다고 주장하였다. 그다음은 뇌혈관질환, 뇌경색과 관련하여 동시 감정을 가지 않으면 보험금을 지급할 수 없다며 압박했다고 한다. 손해사정사님이 중간에 신경을 많이 쓰신 게 느껴졌다. 서류로 방어 중이라며 관련 자료를 보내 주셨고 보험사 담당자들을 대상으로 적극적으로 협의를 진행해 주셨다. 그럼에도 시일이 많이 흘러 어느덧 3개월이 흘렀다. 어느 정도 포기를 하고 있을 무렵 연락을 받았다. 보험금이 지급되었다는 문자였다. 뛸 듯이 기뻐 김도연 손해사정사님에게 연락을 드렸더니 손해사정사님께서 아니나 다를까 나보다 더 기뻐해 주셨다. 정말 감사드린다. 어려운 보험사를 상대로 보험금을 전부 받아내다니 유능한 손해사정사를 만난 덕분에 도움을 크게 받았다.

서울특별시 마포구 박○○(김도연 손해사정사)

처음 김도연 손해사정사님을 알게 된 건 설계사로 일하는 아들 친구 덕분이었다. 질병 분쟁 위주로 업무를 진행하는 손해사정사라고 하며 연락처를 넘겨주었다. 상담을 하고 바로 계약을 진행하였다. 첫인상이 선했다. 나의 진단명은 위말트림프종이라는 생소한 암이었다. 위에 발생한 암인데 헬리코박터균이 주 원인균이다. 제균치료를 한 뒤 잔여암이 남아 있기는 했지만 거의 없어져서 손해사정 진행이 가능할지 막막했다. 손해사정사님이 본인을 믿고 한번 해보자고 하셨다. 믿음이 갔다. 손해사정사님이 의학 논문 등 증빙자료를 가지고 보고서를 작성해 보험회사를 대상으로 열심히 싸워 주셨다. 암 진단비를 가입한 보험회사가 7개였다. 모든 보험사로부터 보험금을 다 받기까지 반년이 넘는 기간이 걸렸다. 일부 보험회사는 영업일 기준으로 30일 이내 보험금이 지급되어야 하는데 보험금 현장조사로 인해 지연이 되다 보니 보험금 청구서도 여러 번 작성했다. 의료자문도 재차 요구받았다. 의료자문 요청을 보내는 병원을 선정하는 일도 꽤 중요한 문제라는 것을 이때 처음 알았다. 알고 보니 보험회사와 협력된 병원 또는 의료자문 업체로 관련 서류를 보내야 했다. 독립손해사정사와 협력하는 의료자문 컨설팅 업체로 자문을 보내려고 했는데 보험회사에서 거절했다. 따라서 손해사정사님은 병원 리스트 가운데에서 객관적이고 공정한 병원을 찾아서 자문을 진행하길 원하셨고 그 과정에서 보험사 담당자 사이 이견이 발생해 다툼도 여러 번 발생한 것 같았다. 첫 번째 자문병원 의사는 본인 전공이 아닌 생소한 암에 대해 의료자문을 진행하는 부분에 대해 부담을 느꼈는지 진행 자체를 포기하셨다. 그 다음 진행된 의료자문에서는 암으로 볼 수 없다는 부정적인 결과가 나왔다. 세 번째로 진행된 의료자문(사실상 2차) 결과에서 비교적 긍정적인 결과가 나왔고 자문 결과를 가지고 김도연 손해사정사님이 보험사와 협의를 진행한 끝에 보험금이 지급될 수 있었다. 손해사정사님이 고생을 많이 하셨다. 앞으로 좋은 일만 가득하시길 바란다.

[부록] 보험가입자 주의사항

보험약관은 보험가입자가 가입한 보험계약에 대해 계약자와 보험회사의 권리 의무를 규정한 중요한 내용이다.

보험약관은 1) 가입자 유의사항 2) 주요내용 요약서 3) 보험용어 해설로 나눠진다. 가입자 유의사항에는 보험계약과 관련한 유의사항과 보험금 지급 관련 유의사항으로 구성되어 있으며 이 부분을 자세히 검토해야 한다. 잘 모르겠으면 꼭 물어보고 사인하자. 주요내용 요약서에서는 자필서면 등 계약자 의무사항과 보험계약, 유지 관련 사항으로 구성되어 있다. 보험용어 해설파트에서는 생소한 보험 관련 용어에 대해 계약자가 알기 쉽게 해당 주요 용어의 해설로 구성되어 있다.

1. 보험계약과 관련한 주의사항을 미리 생각하자

가입자는 과거 질병 치료사실 등을 회사에 알리지 않을 경우 보험금을 지급받지 못할 수 있기 때문에 이 부분 확인이 우선 필요하다. 그리고, 과거 질병 치료사실 등은 보험설계사 등에게 말로써 알린 경우는 보험회사에 알리지 않은 것으로 간주되므로, 반드시 청약서에 서면으로 알리는 것이 중요하다. 최초 보험료를 납입한 날부터 10년 이상 유지하는 경우에 한하여 보험차익(해지환급금에서 이미 납입한 보험료를 차감한 금액)에 대한 이자소득세 비과세가 가능하다. 적용이율이 변동하는 보험상품은 적립금에 적용되는 이율(공시이율)이 바뀌는 경우 지급받는 보험금의 액수도 달라질 수 있으므로 주의하자.

2. 보험금 지급 관련 특히 주의해야 할 부분을 챙기자

암에 걸린 경우

최초계약의 경우 보험계약일로부터 90일 이내에 암으로 진단받은 경우에는 보험금을 지급하지 않는다. 아울러 최초계약의 경우 90일이 경과한 이후에도 암 진단일이 보험계약일로부터 1년 이내인 경우 암진단급여금이 삭감될 수 있다. 암은 원칙적으로 조직검사, 미세바늘흡인검사 또는 혈액검사에 대한 현미경 소견을 기초로 한 진단만 인정된다.

약관상 수술의 정의에 포함되지 않는 조직의 경우 암수술급여금을 지급하지 않는다. 의료기관에 입실하여 의사의 관리하에 치료에 전념하지 않거나 정당한 사유 없이 입원기간 중 의사의 지시에 따르지 아니한 때에는 암입원급여금의 전부 또는 일부를 지급하지 않는다. 암 갱신형 특별약관의 보험기간은 3년 만기로, 최초가입 후 3년마다 갱신을 통해 주계약의 보험기간이 종료되는 나이와 80세 중 적은 나이까지 보장받을 수 있다. 갱신 시에 보험요율의 변동에 따라 보험료가 인상될 수 있다.

수술의 경우

약관상 수술의 정의에 포함되지 않는 조작의 경우(예를 들어 주사기 등으로 빨아들이는 처치, 바늘 등을 통해 체액을 뽑아내거나 약물을 주입하는 것 등) 보험금을 지급하지 않는다. 이때 수술분류표를 사용하는 보험은 동 분류표에 기재되어 있는 수술만을 지급대상으로 한다. 수술보장특약(갱신형)의 보험기간은 3년 만기로, 최초가입 후 3년마다 갱신을 통해 주계약의 보험기간이 종료되는 나이와 80세 중 적은 나이까지 보장받을 수 있다. 갱신 시 보험요율의 변동에 따라 보험료가 인상될 수 있다.

입원의 경우

의료기관에 입실하여 의사의 관리하에 치료에 전념하지 않거나 정당한 사유 없이 입원 기간 중 의사의 지시에 따르지 아니한 때에는 입원급여금의 전부 또는 일부를 지급하지 않는다.

건강보장의 경우

뇌출혈, 급성심근경색증, 말기부전증, 말기간질환 등 약관에 나열되어 있는 질병만 보험금을 지급한다. 그렇기 때문에 약관에 어느 범위까지 나열하고 있는지 꼼꼼히 살펴보자.

재해장해 및 재해사망

질병이나 체질적인 요인이 있는 자로써 경미한 외부요인에 의하여 발병하거나 또는 그 증상이 더욱 악화되었을 때에는 재해 관련 보험금이 지급되지 않는다.

3. 약관의 주요내용

자필서명의 경우

보험계약자와 피보험자가 자필서명을 하지 않은 경우 보장을 받지 못할 수도 있다. 다만, 전화를 이용하여 가입할 때 일정 요건이 충족되면 자필서명을 생략할 수 있으며, 인터넷을 이용한 사이버몰에서는 전자서명으로 대체할 수 있다.

계약 전 알릴 의무

보험계약자 또는 피보험자는 청약서의 질문 사항에 대하여 사실대로 기재하고 자필서명을 해야 한다. 특히, 보험설계사에게 구두로 알린 사항은 효력이 없고, 전화 등 통신수단을 통해 가입하는 경우에는 서면을 통한 질문절차 없이 안내원의 질문에 답하고 이를 녹음하는 방식으로 계약 전 알릴 의무를 이행하여야 하므로 답변에 신중해야 한다.

계약의 무효의 경우

(1) 타인의 사망을 보장하는 계약에서 피보험자의 서면동의를 얻지 아니한 경우 (2) 만 15세 미만자, 심신상실자 또는 심신박약자를 피보험자로 하여 사망을 보험금 지급사유로 한 계약의 경우 (3) 계약체결 시 계약에서 정한 피보험자의 나이에 미달되었거나 초과되었을 경우 중에 하나에 해당하는 경우 회사는 계약을 무효로 할 수 있으며 이 경우 보험회사는 이미 납입한 보험료를 돌려주게 된다.

청약철회의 경우

약관과 계약자 보관용 청약서를 청약 시 전달받지 못하였거나 약관의 중요한 내용을 설명받지 못한 때 또는 계약체결 시 청약서에 자필서명을 하지 아니한 때에는 계약자는 청약일로부터 3개월 이내에 계약을 취소할 수 있다. 다만 단체계약의 경우에는 계약체결일부터 1개월 이내에 계약을 취소할 수 있다. 이 경우 보험회사는 이미 납입한 보험료를 돌려주며 보험료를 받은 기간에 대해 이자도 지급한다.

계약의 소멸

보험계약은 피보험자의 사망 등으로 인하여 보험금 지급사유가 더 이상 발생할 수 없는 경우 그때부터 효력을 가지지 아니한다.

사고보험금 지급

보험회사는 보험기간 중 보험금 지급사유가 발생한 경우에는 보험수익자에게 약정한 보험금을 지급한다.

사고보험금 청구서류 접수

1) 접수증 교부, 문자 발송
2) 심사 담당자 배정
3) 심사 또는 사고조사 실시
4) 보험금 지급여부 및 지급금액 결정
5) 보험금 지급

6) SMS 또는 안내장 발송

*보험금 등의 청구 시 구비서류 : 청구서, 사고증명서(사망진단서, 장해진단서, 입원치료확인서), 신분증(주민등록증 또는 운전면허증 등 사진이 부착된 정부기관발행 신분증, 본인이 아닌 경우에는 본인의 인감증명서 포함), 기타 보험금을 받는 자(보험수익자)가 보험금 등의 수령에 필요하여 제출하는 서류

···당신의 보험금을 지켜주는···

손해사정사 사용법

초판 1쇄 발행 2023년 05월 30일

공저 곽상빈 · 김가연 · 김도연 · 임재형 · 홍진영 · 황수정
발행인 공태현 **발행처** (주)법률저널
등록일자 2008년 9월 26일 **등록번호** 제15-605호
주소 151-862 서울 관악구 복은4길 50 (서림동 120-32)
대표전화 02)874-1144 **팩스** 02)876-4312
홈페이지 www.lec.co.kr
ISBN 978-89-6336-812-2
정가 15,000원